教师培训：
理性与实践的核心关注

汤丰林 著

北京师范大学出版集团
BEIJING NORMAL UNIVERSITY PUBLISHING GROUP
北京师范大学出版社

图书在版编目(CIP)数据

教师培训：理性与实践的核心关注 / 汤丰林著. —北京：北京师范大学出版社，2018.3 （2020.1 重印）
ISBN 978-7-303-22901-7

I. ①教… Ⅱ. ①汤… Ⅲ. ①教师培训－研究 Ⅳ. ①G451.2

中国版本图书馆 CIP 数据核字(2017)第 239587 号

营 销 中 心 电 话　010-57654738　57654736
北师大出版社职业教育分社网　http://zjfs.bnup.com
电 子 信 箱　zhijiao@bnupg.com

出版发行：北京师范大学出版社 www.bnup.com
　　　　　北京市西城区新街口外大街 12-3 号
　　　　　邮政编码：100088
印　　刷：北京玺诚印务有限公司
经　　销：全国新华书店
开　　本：787 mm×1092 mm　1/16
印　　张：11.25
字　　数：162 千字
版　　次：2018 年 3 月第 1 版
印　　次：2020 年 2 月第 2 次印刷
定　　价：28.00 元

策划编辑：路　娜　　　责任编辑：戴　轶　肖　寒
美术编辑：焦　丽　　　装帧设计：焦　丽
责任校对：陈　民　　　责任印制：陈　涛

序

百年大计，教育为本；教育大计，教师为本。教师是人类灵魂的工程师，是时代进步的先行者，承担着传播知识、传播思想、传播真理的历史使命，肩负着塑造灵魂、塑造生命、塑造人的时代重任，是教育改革发展的第一资源，是实现中华民族伟大复兴的重要基石。党的十八大以来，以习近平同志为核心的党中央将教师队伍建设摆在突出位置，做出了一系列重大决策部署，各地各部门采取有力措施，教师队伍建设取得显著成就，广大教师教书育人、服务社会，做出了历史性贡献。当前，工业化、信息化、新型城镇化、农业现代化迅速发展，科技革命日新月异，国际竞争日趋激烈，国家经济社会发展对德智体美劳全面发展人才的渴求越来越迫切，人民群众对"上好学"的需求越来越旺盛，教育发展、国家繁荣、民族振兴，亟须一批又一批的好教师。"十三五"和今后一段时期，我们必须从战略高度充分认识到教师工作重要性，优先规划、优先投入、优先保障，全面加强教师队伍建设工作，打造师德高尚、业务精湛、结构合理、充满活力的高素质专业化创新型教师队伍。

教师培训是促进教师从资格走向合格、从合格走向卓越的有效途径，是教师提升素质能力的重要环节。近年来，中央和地方不断加大培训力度，教师培训工作取得突出成就，已让受训教师普遍受益，但也存在着支持服务体系不完善、针对性不强、方式单一、质量监控薄弱等问题。今后，我们要主动适应教育改革发展需要，紧密结合教师发展需求，健全制度，优化内容，改进方式，不断提高教师培训的实效性。

教师培训是一项专业性、实践性、探索性、创新性极强的工作，是一项复杂的系统工程。开展教师培训，必须精心组织操作，深入研究分析，认真提炼总结。在众多关于教师培训的著述中，北京教育学院汤丰林教授的新作让我耳目一新。通读全书，会让人加深对教师培训的认识，厘清做好教师培训的工作重点。

一是坚持需求为本。教师所处的区域不同、专业背景不同、专业发展阶段不同、所在的学校生态不同，需求具有多样化和个性化的特征。我们要基于新教师、熟练教师、专家型教师的成长规律，设计和提供符合其专业发展阶段特性的培训内容和培训方式，更要在培训规划上从"自上而下"转向"自下而上"，在培训项目设计上从"提供方主导"转向"需求方主导"，在培训实施过程中从"一成不变"转向"动态调整"，在培训效果跟踪方面从"一锤子买卖"到"细水长流不断线"。我们要继续坚持以问题为导向、以案例为载体，增强教师参训动力，满足教师个性化学习需求。

二是坚持深度融合。帮助新教师形成基本的教育教学规范，促进优秀教师凝练教育教学经验，推动教师作为反思性实践者在教师专业发展方面实现"实践—理论—实践"的螺旋式上升是教师培训工作的重要使命。我们要在培训观念上坚持"重心下移"，在培训内容上坚持"深入浅出"，在培训方式上坚持"混合式培训"，真正推动教师培训与日常教研、教育教学的融合，推动教师培训的常态化。我们要继续推动信息技术与教师培训深度融合，帮助教师应用信息技术促进教育目标、内容、方法和手段各方面的改革，促使教师形成以学习者为中心的新型教学形式。

三是坚持能力支撑。努力构建更加科学有效、开放有序的教师培训体系。在此过程中，我们应特别重视各级各类教研队伍提升，重视发挥教学名师和优秀教师的示范引领作用。实现师范教育和教师培训功能融合，推进教师教育职前职后一体化建设，建立健全省、市、县三级中小学教师培训机构和专业培训者队伍。出台县级教师发展中心建设标准，推进市县级机构标准化建设，实现培训、教研、电教、科研部门有机整合。推动教师学习资源公共服务平台和教师网络研修社区建设，支持教师线上线下相结合的终身学习。对于职业学校，可依托相关高等学校和大中型企业，共建"双师型"教师培养培训体系。推进高校成立教师发展中心，发挥基层教研室作用，为开展教师备课、教学咨询等提供平台。

四是健全培训制度。按照面向全员、突出骨干、倾斜乡村、学用结合、协同治理的原则全面推进中小学教师全员培训，中央财政继续支持中西部省份组织实施"国培计划"。省、市、县各级要根据分类、分层、分岗的要求统筹区域资源，合理划分各自的职能定位，实现教师培训服务"无缝隙"，支持关爱"零距离"。县级机构应重点组织中小学教师开展以学校为主体的研修活动，实施新老教师结对子、传帮带，共同成长、共同提高。实施职业院校教师素质提高计划（2017—2020年），按照示范引领、服务需求、产教融合、整体提升的总体思路，组织职业院校教师分层、分类参加国家级培训，带动地方有计划、分步骤实施全员培训，同时建立教师到企业实践常态化机制。

五是推进培训改革。借力"互联网＋"创新教师教育模式，建设一批支持教师创新能力培养的智慧教室，围绕中小学课程标准和教师日常工作需要，研发和推广教师培训在线课程，推进优质资源共享。建设网络研修社区，创新教师网络研修方式，让教师"处处能学、时时可学"的在线研修活动、教学实践支持成为可能。推动各地落实中小学教师培训学分管理指导意见，规范培训学分登记，探索建立培训学分银行，激发教师参训动力。国家应出台中小学主干学科培训标准、中小学教师心理健康标准、幼儿园教师心理健康标准、高校新入职教师培训指南，在标准框架下，鼓励各地、各高校、各培训机构诊断教师需求，改进培训内容方式，有针对性地开展教师培训，提升教师培训效果。

本书站在教师队伍建设的宏观立场，对完善教师培训体系提出了自己的思考与设计，同时对各级培训也提出了许多宝贵建议。作者从反思教师培训的核心目标入手，提出要将培训的核心目标定位于"激发教师自主学习的动力与行动"，提出了许多有实践依据的培训策略与方法，特别对培训模式提出了初步的理论模型，同时也系统梳理建构了诸如"主题式培训""故事教学""培训沙龙"等的操作路径，对各地更好地设计培训项目具有积极的指导意义。

本书从激发教师参训动力的角度分析了教师学习的内在动力，提出了积极的培训策略，同时还从质量管理入手，分析了促进教师自主学习的评价手段和学分管理机制；从教师培训"场域"逻辑的角度，就培训者素养提升、培训机构的软硬件条件建设等方面，分析了促进培训机构能力建设的问题；同时还针对提高培训的实效性和长效性，分析了培训者与被培训者应该建立的平等协商式关系，书中这些理论探讨与模型建构均对培训实践具有积极的参考价值。

本书基于作者长期中小学教师培训实践的理性研究成果，事例分析有很强的现实性，问题反思有一定的深刻性，模型与策略建构具有可操作性，这些实践策略、理性思考，值得大家阅读并在实践中借鉴。

丰林教授的这一力作充分展示了其在教师培训方面的长期探索和深刻感悟，是一项颇具价值的研究成果。在这样优秀著作的启迪下，我真诚希望广大教师培训工作者宁心静气，重心下移，崇尚实践，积极探索教师培训的规律，造就更多有理想信念、有道德情操、有扎实学识、有仁爱之心的"四有"好老师，激发教师安心从教、热心从教、舒心从教、静心从教，努力做学生锤炼品格、学习知识、创新思维、奉献祖国的引路人，共同为我国新时期教育教学的改革发展做出积极贡献。

是为序。

王定华

2017 年春于北京

（作者系教育部教师工作司司长、国家督学、教授）

自　序

　　大学毕业参加工作接手的第一项工作是校长培训，当时校长培训刚刚起步，我这个新手完全不知道培训是什么样。好在国家提供了培训教材，我配合指导教师所能做的事，就是按教材要求聘请专家来上课，倒是也简单！或许这就是"缘"，因为这"一面之缘"让我的职业生涯与培训相伴而行，从事了多年的校长培训，做了更多年的教师培训。但真正让我把培训作为"专业"进行研究，是从北京教育学院开始的。本书是我多年教师培训工作中边实践、边思考、边研究的成果，总体思路是"理念—实践—反思"，即第一章解决理念问题，涉及对培训核心目标的重新思考，站在培训者视角的培训观、教师观、学习观建构以及从学科视角对培训研究的思考；第二章至第四章是实践问题，包括培训机构的能力建设，新型培训关系的建立，培训模式的创新以及培训成果的转化与培训评价；第五章是反思，重点在于思考教师培养培训一体化体系的建立。在这个大框架之下，我想重点体现以下三种精神。

　　一是批判精神。以批判的视角反思培训是我一直以来坚持的原则，为此，我写过一篇文章《教师培训的"热行动"与"冷思考"》，针对当前教师培训轰轰烈烈、热热闹闹的局面，提出了需要冷静反思的一系列问题。本书也一样，以批判开篇，并贯穿全书，最后以批判结束。因此，如果说本书有什么特别之处，我想最重要的应该就是"批判"。但这里的批判绝不是否定，也不是批评，而是冷静，是不同的视角。因为培训发展到今天，我们需要以更大的热情去探索与推动它，但同时也需要用更多的理性去反思它，并在反思中积极完成新一轮的解构与建构。我期望着在这样的批判中追寻培训的真谛，追寻教师的真谛，追寻教育的真谛。当然，最重要的是，我期望着在这样的批判与追寻中为学生的成长创造优越的教育环境。

二是工匠精神。在 2017 年 3 月召开的十二届全国人大五次会议上，李克强总理在《政府工作报告》中明确提出："要大力弘扬工匠精神，厚植工匠文化，恪尽职业操守，崇尚精益求精，培育众多'中国工匠'，打造更多享誉世界的'中国品牌'。"有人认为，工匠精神就是爱岗敬业、精益求精的职业理念与工作态度：一是高度注重细节，追求完美和极致，花费时间和精力反复改进产品和服务质量，把精准度与满意度提高到 99.9％ 甚至 99.99％；二是诚心正意，术有专攻，绝不投机取巧，不片面追求经济效益，坚持打造本行业最精良、最优质的产品和服务。① 本书写作的每一个部分和涉及的每一个问题，笔者都坚持既要有理性思考，又要有实践操作策略，并且特别注重实践操作步骤的精细设计和具体方法的运用，同时列举出必要的案例供参考。简言之，全书试图努力体现工匠精神的要求，不做空洞的概念炒作，也不迷信权威，始终致力于批判性的理性思考和实施策略的可操作性，并且所有思考和策略均来源于本人的培训实践，具有扎实的实践基础。

三是创新精神。创新是我们时代的主旋律，也是培训事业发展的必然要求。纵观教师培训，从学历补偿、知识更新、能力提升到素养提升、个性化发展，无一不是由创新推动的，而这些创新包括在了内容、模式、机制等方方面面。本书也努力体现了这样一种推动培训发展的创新精神，其中有理念上的创新，如培训视域中的教师观、学习观、大培训观等；有方式方法上的创新，如体现在各种培训模式中的创新元素；还有机制上的创新，如教师培养培训一体化问题上的许多制度设计和机制设计。无疑，在信息化技术手段飞速发展带来教育深刻变革的今天，培训还将面临许多新

---

① 栗洪武，赵艳：论大国工匠精神. 陕西师范大学学报(哲学社会科学版)，2017(1)

的挑战，也必将发生一系列新的重大变革。而这些变革仍将有赖于广大培训者通过无尽的探索和不断的创新去一步步推动，相信未来教师培训也一定会在创新中打开新局面。

总之，本书集笔者多年从事校长教师培训的理性思考与实践积累成果，试图触及教师培训的本质与深层规律，但囿于自己的能力与水平，其中难免有诸多不足甚至谬误之处，敬请同行和读者朋友们不吝赐教。

汤丰林

2017 年 3 月 16 日于北京

前　言

　　我国非常重视教师培训，1993 年颁布的《中华人民共和国教师法》就提出："各级人民政府教育行政部门、学校主管部门和学校应当制定教师培训规划，对教师进行多种形式的思想政治、业务培训。"1999 年教育部颁布的《中小学教师继续教育规定》进一步提出："参加继续教育是中小学教师的权利和义务。""中小学教师继续教育原则上每五年为一个培训周期。""中小学教师继续教育分为非学历教育和学历教育"，其中非学历教育包括新任教师培训、教师岗位培训、骨干教师培训。笔者认为，在国家政策的要求和指导之下，我国的教师继续教育工作大致经历了三个阶段：一是以学历补偿和知识补充为主的"生存"阶段，即在职教师要继续任职，就必须达到国家规定的学历要求，具有代表性的培训活动如 20 世纪 90 年代初期到中期全国性的"三沟通"①培训；二是以知识更新与能力提升为主的"福利"阶段，当时，培训还是稀缺资源，无论对教师个人，还是对中小学校，获取培训的机会和名额都非常珍贵，因此，将培训作为"福利"对教师进行激励；三是以日常培训或培训常态化为主的"义务"阶段，这个阶段大致从教育部《中小学教师继续教育规定》提出开展全员培训开始，历经"九五""十五""十一五"，使之逐步在全国得到了落实。但我认为，真正意义上的大规模、全员

---

　　①　原国家教委于 1992 年 5 月下发了《关于加快中学教师学历培训步伐的意见》，提出"建立函授、卫星电视教育、自学考试相沟通培训初中教师的办学模式"（简称"三沟通"）。

性培训，是以 2009 年启动的"国培计划"为标志的，因为《教育部、财政部关于实施"中小学教师国家级培训计划"的通知》明确指出：各省级教育、财政部门"要将'国培计划'纳入教师队伍建设和教师培训总体规划……并以实施'国培计划'为契机，以农村教师为重点，分类、分层、分岗、分科大规模组织教师培训"。"国培计划"的实施，全面带动了从国家到地方的教师培训经费的投入，并且得到了足额保障，同时，也全面拉开了大规模、全员性教师培训的序幕。本书将立足于教师全员培训的大背景，基于对培训专业化问题的反思与研究，就培训应该重点关注的问题做一些探讨。

目　录

第一章　教师培训的理性基础

我国教师培训发展到今天这样兴盛的状态，需要我们做出更加理性的反思。我们将通过对培训核心目标的重新思考，对教师观、学习观、培训观等影响培训发展的核心问题做一些理性的分析。

第一节　教师培训的核心目标

长期以来，我们的教师培训始终围绕着针对性和实效性在探索推进，但我们好像离针对性和实效性总是有那么一点距离。原因何在？我们认为或许与培训的核心目标确定有关。正是基于这样的假设，我们想对教师培训的核心目标做进一步的思考，试图通过具体分析教师培训所承载的外部负荷和面临的内部困境，重新反思和确立教师培训的核心目标。

一、教师培训承受的"负荷"

纵观教师培训的发展历程，似乎今天的培训承受了更重的负荷，颇有不堪重负之感。笔者以为，这种不堪重负，并不是自己的个人感受，也不是某个培训者的个人感受，而是培训本身的负荷过重所产生的一种困境。这种困境产生的原因，如果要理性地分析，我认为主要体现在以下三个方面。

1. 培训承载了为教师教育教学专业"补课"的任务

近年来，随着以新课程为主导的教育教学改革的逐步深化，以及全国性入学高峰期的到来，中小学对教师数量和质量的要求越来越高。但从北京、上海等一些经济、教育发达的大城市和一些教育大省的情况来看，师资的补充出现的问题日益严重。拿北京来讲，每年全市各区退休、流动及新增学位造成的教师缺口为 5000 人左右；从各区每年招聘新任教师的情况来看，非师范类教师占了较大比例，粗略估计，这个比例应该不低于 50%，有些区能招聘到的师范类学生甚至不足 10%。

教师队伍存在的这种师范性缺失的问题，笔者认为应该是教师职前教育不足所致。这种不足表现在两个方面：一是师范类院校转型所造成的培养不足。近年来，我国师范类院校进行了大规模的合并、升级或转型，几乎全国性地升本科，且都在向综合性院校转型，这种状况使得原来由中师、师专、师大组成的完备的师范教育结构体系发生了裂变，使得教师的培养出现了严重的结构性不足。二是师范类院校在教育教学课程设置方面的缺失所造成的教育不足。由于师范类院校的大规模转型，许多院校，包括一些曾经在我国教师教育中发挥重要引领带动作用的院校都大幅压缩师范类课程，使得师范类院校所培养的师资数量和质量，不能很好地满足教育发展的需求。对于这种状况，我国著名教育家顾明远先生也曾表达明确的担忧，他在首都师范大学举办的"深化首都基础教育和教师教育综合改革高层论坛"上指出："我们的师范教育改革走了弯路。比如说为了提高学历，就取消中等师范学校，而且把整个中师取消了。""1999 年开始，我国提出不光师范院校可以培养教师，其他大学也可以培养教师，教师教育由封闭型走向开放型。许多师范院校变成了综合大学，而很多综合大学并没有设置师范专业。因此师范教育资源反而流失了。"针对这种现状他强烈呼吁："我觉得要重建师范教育体系。我们的国情不能跟美国、英国相比，因为我们国家大，我们有 1200 万名中小学教师，如果没有专门培养教师的学校不行，还是要把师范院校办好。"①

教师职前教育的这种不足，直接导致了一大批教师在教育教学专业上的"先天不足"。当然，这种"不足"从表面上来看，似乎可以通过严格的教师资格认定得到补偿，但只要认真分析一下教师资格认定的过程和要求，我们就可以看到，这样一种开放式的、全口径大学生均可从教的模式，并不能从根本上弥补非师范类学生教育教学知识技能的缺失。有关教师资格认定考试的深层问题，我们将在第五章做进一步分析。

教师职前培养的不足，导致了师资队伍在入门时就存在着比较严重的师范专业水平差异，这就使得教师的职后培训在一定意义上带有补课性质，而这样一种"补课"又会因为教师参加培训时的工学矛盾，导致相当一部分教师疲于应付，甚至会导致部分教师自身专业发展上的恶性循环。

2. 培训承载了"4%"教育投入目标的实现

国家对教师培训经费投入的大幅度增长，就笔者的体会，应该是以2009年的"国培计划"为标志的。从这一年开始，国家在"国培"项目上的经费投入基本以翻倍或数倍的方式逐年增加，这在很大程度上激活了全国教师教育的资源，使得各级各类从事教师教育或有志于教师教育的院校、机构参与到了教师培训之中，大大推动了教师培训事业的快速发展。更为重要的是，国家层面上的教师培训经费投入有效推动了地方政府的财政投入，一些省市的教师培训经费甚至在短期内就从每年几十万元猛增到每年数千万元。

2013年1月4日《21世纪经济报道》发表的《教育经费硬指标首次实现占GDP4%目标》一文指出：我国政府在1993年发布的《中国教育改革和发展纲要》首次提出，国家财政性教育经费的支出在20世纪末占GDP的比例应该达到4%的目标。经过近20年的努力，到2010年，也就是新世纪第一个十年结束之际，国家财政性教育经费支出占国内生产总值的比重达到了3.66%。到2012年，挣扎了多年的"4%"终于达标。从这样一个时间进度，

① 李新玲. 顾明远历数师范教育改革犯下的错. 中国青年报，2015-06-29

我们可以看到，对于4％目标的最终实现，全国性的加大培训经费投入似乎具有"临门一脚"的效应。

毋庸置疑，教师培训经费的大幅度提高，促进了这项伟大事业的快速发展，出现了繁花似锦、轰轰烈烈的局面，为全国近1400万教师的专业发展发挥了重要的推动作用。但这种"速成式"的经费投入和"运动式"的培训推动，也带来了许多令人忧虑的问题，具体表现为以下三点。

一是一些地方由于没有做好开展大规模培训的专业师资和管理规范的准备，出现了大规模短期集中式的"异地"委托培训，北京、上海等教育发达地区的师范院校、培训机构、有意于承担培训任务的综合性院校以及如雨后春笋般产生的社会培训机构，一时间炙手可热，"一票"难求，全国上下瞬间逆转，"不差钱"成了培训的新常态。

二是大规模、全员性、运动式的集中培训，进一步加剧了参训教师的工学矛盾，使得培训在很多学校逐渐从过去的"福利"蜕变成了解决"冗员"的良方，于是在很多地方就产生了"培训专业户"。那些教学水平不足又一时没有岗位安置的教师，就成了专职参加培训的"队员"，似乎在一定意义上也为学校正常的教育教学工作做出了应有的"贡献"。

三是全国各类高校和培训机构异军突起，积极参与培训市场竞争。许多院校或机构为了在激烈的竞标中胜出，使出各种解数，特别是在竞标要求上，颇有"不怕我做不到，就怕你想不到"的架势。在一些标书中，我们甚至会看到，竞标方要求有本专业内的专家领衔做"首席"，于是标书就会写上本专业的博导或院士，如果本校没有，就写外校的；本地没有，就写外地的。只要能拿到项目，至于是否能请到那个"首席"就不重要了。因为项目实施过程中影响因素众多，承办机构总会有充分的理由来打圆场或做出技术处理。

3. 培训承载了城乡教育均衡发展的厚望

促进城乡教育均衡发展是我们的基本国策，但实现教育均衡则任重而道远。换句话讲，教育均衡的实现，硬件均衡很容易，只要经费投入到位，建设一所设计独特、施工精细的高标准学校非常简单。目前，从全国大部分省市学校建设的情况来看，硬件建设基本都已到位，而且许多农村学校的建设标准远在城区学校之上，甚至不乏经费投入上亿元的超高标准学校。但从师资情况来看，城乡教师专业水平差异的缩小，还需要一个非常漫长的过程。因为农村教师队伍存在着两个突出的问题，一是非师范类教师比例很高，二是优秀教师、领军人才奇缺。这种状况在无形中又使得培训承担了促进教育均衡发展的沉重压力。其实，实事求是地讲，培训是承受不了如此众望之"重"的，其原因如下。

(1)农村教师培训重点不是教师的教育专业基础，而是要解决教师教育教学实践中的困惑与问题，其重心在实践、在问题、在行动。这就是说，培养和培训的立足点不同，前者是因然教育，在于教育教学知识的系统性和作为教师的专业基础的建立；而后者则是实然教育，在于教师教育教学实践中的陪伴、答疑解惑和助力成长。正因为如此，教师如果没有在培养中奠定从事教育教学工作的专业基础，而要通过职后培训来"补课"，那么在相当长的时间内会处于"夹生饭"的状态。从这个意义上讲，我们需要尽快建立符合我国国情的教师培养培训一体化体系，以确保农村学校师资从起步就是合格的，以免农村教育输在"起跑线"上。

(2)农村教师的培训面临着许多难题。首先，农村教师大多处于距离城区较远、交通并不便利的地区，无论是教师参加培训或培训者送教上门都不太便利，即便是北京、上海这样的发达城市也是一样的。这给农村教师的培训带来了一定的困难，培训的效率和效益都会打折扣。其次，全国从事教师培训工作的队伍主要包括三类，一是各级教研员，二是培训机构的教师，三是高校、研究机构的专家。从理论与实践结合的角度，以及对农村教育和教师了解或熟悉的角度来看，这三类培训者虽然各有所长，但都有明显的欠缺。教研员长于实践，对一线教育教学的情况比较熟悉，但理论层次上有所欠缺；高校和研究机构专家有较高的理论水平和学术影响力，但对一线学校和教师的情况了解不够；培训机构教师经过多年的磨炼，在理论与实践的结合上有较好的探索，但在理论的深度与实践的广度上又都有不足，而且这支队伍的数量也十分有限。这种状况似乎从另一个侧面验证了这样一句话："理论中，理论和实践是相同的，但在实践中，两者并不同。"①因此，在教师培训中要把理论与实践紧密结合起来，还需要付出更多的努力。

(3)农村教师在稳定性和坚持性方面存在的问题是培训无法解决的，在某种意义上，优质的培训甚至加剧了农村优秀教师的不稳定性。全国大部分农村地区的中小学教师存在一个共性问题，就是人人都向往条件更优越的城区学校，就算国家不断提高农村教师的待遇，也无法阻挡这种趋势。于是，就出现了农村学校留不住优秀教师的状况，农村教师队伍的整体水平一直无法与城区相比。结果是城乡教育的差距在一定程度上不是在缩小，而是在扩大。

二、教师培训的内部困境

1. 激情状态下的理性缺失

准确地讲，从经费投入到培训规模，直到"十二五"期间，全国性的教师全员培训才最终变成了现实，其突出特点可用大力度、大投入、大规模来概括。"大力度"是说培训由中央和地方政府全力推动，各级高校、培训院校、社会机构全面参与，既体现了政府的高度重视，也体现了社会的高涨热情。"大投入"是指经费投入额度之大前所未有，中西部由中央和地方财政联合投入，经费额度得到了成倍甚至很多倍的大幅度提高；东部以地方财政投入为主，经费投入额度也是空前的。"大规模"是指全国 1400 多万名中小学教师总动员，全面参与到了 5 年一周期 360 学时的轮训之中，全国教师培训资源得到了充分的挖掘与整合，许多地区都形成了国家级、省(市)级、地(市)级和校本级"四位一体"的培训体系，短期集中培训、异地集中培训规模空前，每到培训旺季常常会出现全国性的教师"大迁徙"，并且在这样轰轰烈烈的局面中出现了明显的过度培训。

或许正是这样一种以大力度、大投入、大规模为突出特点的培训状况，

---

① 巴克利. 双螺旋教学策略：激发学习动机和主动性. 古煜奎等译. 广州：华南理工大学出版社，2014

使得教师培训被人们称为"培训运动"。笔者认为，用这样一个概念来形容我们的教师培训，或许在一定程度上有失恭敬，但换一个角度想也有一定的准确性。因为这样一种以大规模经费投入和行政指令性强制要求为标志的全员培训活动，在很大程度上激活了利益驱动的培训竞争，于是很多培训机构为了争取到更多培训项目，使出浑身解数，常用的典型策略有名家策略、名校策略、简报策略、微信群情感策略、表演式汇报策略等。总之，培训者会通过一系列精心设计的所谓课程，倡导时时是培训、事事是培训，让参训教师在培训全程始终处于紧张与激情之中，沉浸在感动与感恩之中，至于实际效果如何，也只能靠满意度调查来彼此安慰。因此，在这样一种"运动式"的培训中，培训者始终关注的是表层问题，运用的更多是商业营销策略，而被培训者则始终被调动在激情状态下，双方都缺失理性的反思。正像有些研究者所说："我国的教师培训还停留在靠制度、靠人力、靠热情的感性模式下。"①

2. 柔软的标准与僵化的模式

随着大规模培训的开展，培训专业化问题成为人们普遍关注的话题。学术界一般认为，专业化是一个普通职业群体在一定时期内，逐步符合专业标准、成为专门职业并获得相应专业地位的过程。它包括两个方面，一是专业人员素质的提高、服务质量的提升而形成自身的成熟，二是社会对于专业地位的认可。②

笔者因为工作需要，也做过一些培训专业化的探讨，认为培训专业化是指在学校教育教学相关领域有研究专长的专业人员有目的、有计划、有组织地设计、实施和评估培训全过程的教育行动。这样的教育行动至少包含三层含义：一是培训必须由专业人员承担，二是培训必须以促进参训教师的专业发展为目标，三是培训的实施过程要有专业标准与规范。简言之，培训专业化是要解决培训自身的规范性和科学性问题，因此，我们要求从

① 闫寒冰等. 教师培训专业化现状及发展路线图——从"国培计划"的实践误区说起. 现代远程教育研究，2013(5)

② 高宇. 专业化教师教育模式研究. 苏州大学硕士学位论文，2006

培训的设计、组织实施、效果评估到质量管理等都要有相应的标准、流程与规范。但是，仔细分析，这个认识依然停留在培训的工作层面，所有这些标准也都只是培训管理的标准。当然，这个层次的标准非常有必要，但从目前各级培训机构出台的相关标准来看，依然处在经验水平，从专业化的要求来审视，还显得非常"柔软"。

培训专业化研究的另外一个方向是有关培训模式的研究。从现有文献来看，研究教师培训模式的文章很多，概括起来，大体可归纳为三种研究视角：一是针对特定对象的模式，即重在针对某一类对象进行的培训模式设计，如"班主任'主题式'培训模式""骨干教师'主题驱动合作研修'模式"等。每一个模式，都从需求分析、主题确立、课程建构、组织实施等方面做了全面的研究与设计，从培训的效果来看，均达成了预期的目标。二是针对特定培训方式的模式，如湖北省农村骨干教师跟岗学习项目提出的"'影子教师'研修模式"、北京市组织实施的"北京市农村教师城镇研修工作站"等，都是从培训方式入手进行的模式建构，重在从项目组织实施的角度探讨教师跟岗学习的有效模式。三是综合性的研究，这类研究又分为两种取向：一种是列举式，主要就现行的培训模式进行汇总、梳理，列举一些有影响的培训模式；另一种是归纳式，主要是将现行的培训模式进行归类，如有研究者归纳了五类培训模式，分别是"学历指向的继续教育模式""基于区域协作的教师继续教育模式""基于校本培训的教师继续教育模式""基于个体化研修的教师继续教育模式""骨干教师培养指向的教师继续教育模式"。① 应该说，这些研究为进一步深入探讨有效的教师培训模式奠定了重要的学术基础。但所有这些模式也基本都是经验型的提炼，尚未形成具有生成性特征的理论模型。

3. 针对性与实效性掩盖下的功利性追求

约翰斯通认为，成人所学的都是"对完成日常工作任务、履行职责和改

---

① 郑百伟等. 教师继续教育模式研究与探索. 北京：中国人民大学出版社，2009

善绩效直接有用的学习内容，是整个成人教育活动中最为重要的一部分"①。的确如此，成人的学习都是与职业、工作直接相关的。教师也一样，参加培训是为了改进和提升自己的工作效率。也许正因如此，近年来，对于教师培训的针对性和实效性问题，从政府到学界到实践场的关注度都非常高，并且对培训的针对性和实效性问题也多有诟病。

教育部在 2013 年颁布的《关于深化中小学教师培训模式改革，全面提升培训质量的指导意见》中明确指出：各地要"根据新任教师岗前培训、在职教师提高培训和骨干教师高级研修等教师发展不同阶段的实际需求，开展针对性培训"。要"通过现场诊断和案例教学解决实际问题，采取跟岗培训和情境体验改进教学行为，利用行动研究和反思实践提升教育经验，确保培训实效"。即教师培训要通过需求分析来提高其针对性，通过增加实践性课程内容来提升其实效性。

学术界围绕针对性和实效性也有着大量研究，有学者提出了效用标准，认为培训一定要给受训者"有用"的知识。② 更多学者从需求分析的角度探讨了提高培训针对性和实效性的问题，有人认为，培训需求分析"是确定培训目标、设计培训课程和实施方案的前提，也是进行培训效果评估的基础。只有高度重视并扎实做好培训需求分析，准确识别学习者的培训需求，才能使培训真正具有针对性和实效性"③。许多研究者和培训者认为培训要基于教师所面临的实践问题，从问题出发设计培训课程，最终帮助参训者解决问题或寻求解决问题的策略。毋庸置疑，这些探索都是符合"有用"原则的。

但值得我们思考的问题是，教师培训是否"有用"就足够了呢？笔者认为，如果我们只是一味追求"有用"，而忽略了教师这样一种高智慧工作的特殊性，忽略了一个优秀教师的成长需要深厚的专业素养和丰富的文化积

---

① 雪伦·B. 梅里安. 成人学习理论的新进展. 黄健等译. 北京：中国人民大学出版社，2006

② 褚宏启. 中小学校长培训课程的改革路径. 教师教育研究，2009，21(6)

③ 赵德成，梁永正. 教师培训需求分析. 北京：北京师范大学出版社，2011

淀，可能会让我们的培训在针对性和实效性的诱导下陷入功利主义的误区，最终可能会误导参训教师陷入更加浮躁的状态。

4.“虚”“实”难辨的工学矛盾

教师培训中的工学矛盾即参训者工作与学习的冲突。这个矛盾似乎是教师培训的“宿敌”，有关教师培训的文献中常常提及，直至今天这个矛盾也没有得到有效的解决。在现实中，几乎所有的培训项目在总结经验和问题时，都会提到因为工学矛盾突出，学员出勤率受到了影响，进而影响了培训效果。这个矛盾在一些研究中也得到了证明，有研究者通过调查重庆的教师培训情况，认为“除了培训机会缺乏保障之外，工学矛盾也是影响教师参加职后培训的主要因素。被调查的教师中有 11.5% 表示教学事务繁重致使难以抽身学习”[①]。还有研究者调查了上海市初中科学教师参加培训的情况，在影响教师参加培训的因素中，“没有时间参加培训”排在第一位，占 20.5%。[②] 面对培训中的这样一个“顽疾”，笔者也有过困扰。难道这一矛盾注定与培训相伴而生？在这么多年的培训发展中它始终无法得到解决的症结到底是什么？或者换个角度来看，这个矛盾是客观上必然存在的，抑或只是一个主观设想？

其实，仔细分析，作为职后教育的教师培训，如果是非全脱产培训，依然是目前这样的行政指令性培训，那么工学矛盾在主客观两个方面都会必然存在并将长期存在。从客观上来讲，培训会占用参训教师的工作或休息时间，并且给学校和教师个人带来一定的影响；从主观上来讲，工学矛盾是否会成为影响培训的主要矛盾，既取决于参训者对培训内容、方式等的认识，也取决于参训者的主观意愿。有研究认为，工学矛盾是“成人学习的伴生现象，是成人学习特有的特性，它是不可回避的必然存在而不是矛盾，更不是主要矛盾。通过对成人学习的认识和学习者相关内容的调查，

---

① 陶利. 重庆农村中小学教师职后培训现存问题及其对策研究. 重庆师范大学硕士学位论文，2012

② 韩丽. 上海市初中科学教师职后培训状况调查研究. 上海师范大学硕士学位论文，2013

我们发现成人学习的主要矛盾是教育观念与成人学习规律不相适应、学习需要与学习动机不相适应、教学方法与成人学习方法不相适应"①。简言之，工学矛盾对在职学习者而言是客观存在的，但是否会成为影响培训的矛盾或障碍则取决于参训者的主观认识。

三、教师培训核心目标的重新确立

核心目标是确定培训各项工作的一个重要的认识角度，换言之，就是观察培训的视角，是深入研究和思考教师培训的切入点或出发点。但核心目标绝非终极目标，笔者认为培训的终极目标应该是促进学生的成长发展，而核心目标则指向培训自身的目标。"国培计划"提出了"十二字"方针："示范引领、雪中送炭、促进改革"。② 无疑，这是这项国家工程的核心目标，也是其基本出发点。但对教师的日常培训而言，核心目标应该是不同的。

长期以来，在培训界始终存在着"培训"与"研修"的概念论争。笔者认为，这样的讨论非常意义，因为这些讨论背后隐含的不是一个简单的概念辨析，而是作为培训者，我们应该持什么样的培训观的问题。简言之，"培训"表达的是教师中心的培训观，而"研修"则在推动着学员中心的培训观。

从学员中心出发，我们会发现，解决实际问题、促进有效教学、引领专业发展等，这样一些在培训中常常涉及的目标，其实都不是其核心目标。多年来，我们在教育教学中始终倡导"授人以鱼，不如授人以渔"的观念。人们认为这里的"渔"就是方法。其实，笔者觉得如果从教师培训的角度来看，这个"渔"不应该是简单的方法，而应该是教师学习的动力与自主学习的行动。换句话讲，笔者认为，教师培训的核心目标应该是教师要有自主学习的动力和行动。

如果我们把激发教师自主学习的动力与行动作为培训的核心目标，那么对我们的培训者而言，又提出了一个新的挑战，那就是，我们的培训观

---

① 范太华，向小丽. 工学矛盾不是成人学习的主要矛盾. 现代远距离教育，2010(6)
② 教育部（教师〔2010〕4 号）. 教育部、财政部关于实施"中小学教师国家级培训计划"的通知

必须要建立在学员中心的基础上，从"培训""教授"这样的方式转变为"助力"，我们的角色也就相应地必须要从"培训者"转变为"助者"。如果借用美国著名教育心理学家奥苏伯尔的观点来阐释，我们应该做教师终身学习道路上的"脚手架"。我们的"存在"或"出现"因学员的需要而定。我们的作用是点燃学员自主学习的热情，并在学员学习成长的道路上适时提供一个必要的专业支点。

这样一种认识在学术界也有相应的研究作为支撑。美国著名学者巴克利（E. F. Barkley）在研究大学生学习的时候，提出了"学生投入"（Student Engagement，国内也译作"学生卷入"）的概念。他认为，学生投入意味着"投入的学生很在乎他们所学，他们想要学习""当学生投入的时候，他们超越期望，比要求的做得更好""投入的学生努力理解他们所学到的知识""投入的学生参加学术任务并能够使用如信息分析、问题解决的高阶思考技能"。在这个意义上，巴克利认为，"学生投入是动机和主动学习共同的产物。说它是产物而非两者相加，是因为任何一个元素的缺失都将导致学生投入的失败。它不是由单一因素构成的，而是得益于动机和主动学习的相互作用"。其实大学生如此，教师也一样，他们的成长取决于其具有深度"投入"状态的自主学习。①

关于培训者的角色，美国另一位学者乌拉德考斯基（R. J. Wlodkowski）在研究成人学习问题的文献中谈到："我们要想成功地教育所有成年人……我们不要尝试去'让他们做'，而是'与他们合作'，以引出其内在动机。"成人教育者应该做一个激励型教师，其最有效的教学方法是将"专长、移情、激情、清晰和文化共鸣"视为技巧融入教学之中，使教学成为"一门实践艺术"。②

四、教师培训变革需处理好的三大关系

针对上述问题反思和培训核心目标，笔者认为，要进一步推动教师培

① 巴克利. 双螺旋教学策略：激发学习动机和主动性. 古煜奎等译. 广州：华南理工大学出版社，2014

② R. J. Wlodkowski. 增强成年人的学习动机：一部全面的成年学生教学指南. 张玉莲等译. 北京：中国农业出版社，2013

训变革，至少需要处理好以下三大关系。

1. 政府指导与市场主导的关系

目前我们的教师培训总体是强政府、弱市场的状况。具体而言，就是各项培训主要由政府总体设计与推动，并实施指令性培训，而各级培训机构总体在政府的号令之下开展培训工作，一般的形式通常都是由政府直接委托，或由政府通过招标委托，任何培训机构离开政府的任务下达，基本都无法维持生存。在这种情况之下，笔者认为，我们的培训亟须推行"去行政化"或"弱行政化"策略，政府只出台指导性计划或规划，确定培训经费总体预算，具体实施则由市场来决定。积极推动各类培训机构按学术规范和教育规律，优化并合理配置资源，通过市场机制、按照教师专业发展的需求为教师的培训或学习提供丰富的产品，给教师更大的培训自主权和选择权。

2. 政策引导与学校主责的关系

各级政府要按照教师队伍建设的总体规律和要求出台相应的政策，进一步加强中小学校在教师培训方面的主体责任，明确校长作为教师培训第一责任人的职责。换言之，政策的重点在于建立施训、评价、学分认定等的机制和标准，充分发挥政策的引领作用，做到从国家到地方都能够在政策规范内组织实施有序、高效的培训，保障每个教师参训的权利；学校的责任则在于全面设计本校教师队伍的发展规划，让每一位教师都能有充分的时间和机会，并按照自身发展的需要参加相应的培训，开展持续性的学习与研究，做到不让一个教师掉队。

3. 资源支持与个人主导的关系

参与培训的各类机构与教师本人之间建立良性的供需关系。培训机构的职责在于不断提高培训者的素养与水平，开发满足教师自主选学的丰富多彩的课程与资源，搭建线上线下的专业支持平台。教师参训取消行政指令，各级组织都要还参训主导权给教师个人，让教师按照学分要求自主选择参训的方式、时间和内容；探索将教师的自主学习与培训结合起来，对学习能力较强并能自觉坚持学习的教师，不强求参加培训，可以按照学习、研究的成果和教育教学创新的成果核定继续教育学分；根据教师学习培训的实际情况，打破大一统的学时和期限要求，尝试打破五年一周期的参训要求或建立参训学时控制区间，试行继续教育学分积分制，并将阶段性评价和学分积分相结合对教师评优、晋升做出综合评价。

第二节　教师的学习及其动力

当我们竭尽全力地探寻教师培训模式创新与有效课程研发之路的时候，其实我们已经在无形中建立了这样的假设：教师是被动的学习者，需要培训者绞尽脑汁地编创出足够吸引他们的培训方法，研究出足以调动其学习积极性的课程内容，才能激发他们投入到培训中去。于是，我们的培训在轰轰烈烈关注全员成长的时代，进入了发展的高原期，而突破这个高原期的焦点则是对教师作为成人学习者的理解。因此，从学习的视角看培训，无疑是我们培训观念上的一个质的转变。正如诺曼·朗沃斯在《终身学习在行动——21世纪的教育变革》中所说的那样："在发达国家，我们在改变所谓的'教育培训'体制，虽然这个体制在20世纪末很好地为我们提供了服务，但是在这个体制中，教师和学习提供者是基于他们所认为的学习者的需要来提供课程的，这就如同回答人们并不需要询问的问题一样。取而代之的是以所有人为教育对象、贯穿人一生、从学习者自身需求出发的'终身学习'体制。"[①]

一、教师学习的基本特征

教师这个职位角色，从学习的角度来讲，它只表达了该职位所需要的特定的知识体系与能力要求，而教师如何学习，则遵循着成人学习者的特点与规律。麦尔克姆·诺尔斯的成人教育学（andragogy）理论提出了成人学

---

① 诺曼·朗沃斯. 终身学习在行动——21世纪的教育变革. 沈若慧等译. 北京：中国人民大学出版社，2006

习者的五个基本假设：一是成人有独立的自我概念并能指导自己的学习；二是他们像蓄水池一样积累了很多生活经验，这些经验对学习者来说是很丰富的资源；三是他们的学习需求与变化着的社会角色紧密相关；四是他们以问题为中心进行学习，并且对可以立即应用的知识感兴趣；五是他们的学习动机更主要地来自内部而不是外部。① 英国学者彼德·泰勒也概括了成人学习者的一些特点，包括：具有丰富的经验；会根据自己的需要确定自己的学习需求，而且想独立地确定这种学习需求；是自主的；希望能够把学到的知识和技能融入自己的实际工作中；能从别人的经验中学习，需要互动式的培训方法；需要一个有安全感的学习环境。② 分析这些研究，我们可以将教师学习的特征概括为独立性、经验性、现实性、反思性。

1. 独立性

教师首先是成人，而成人就意味着成熟与经验，用诺尔斯的观点来讲，就是当某人的社会成熟性达到了某一水平，如能够承担某些社会责任，便可被视为成人。③ 因此，教师学习特征中独立性的第一层内涵便是成熟。艾里克森则认为，一个人到了成年期，"社会要求其成为一个生产性的、贡献性的社会成员。如果个体能成功扮演社会所期望的角色，且正在贡献或生产社会期望的东西，那么个体将会产生适当履行自己角色的'繁殖感'（sense of generativity），个体会感到他们具有生产性"④。可见，成熟便意味着教师能够独立承担社会责任，能够履行好自己的社会职责，并能做出社会所期望的贡献。教师学习的独立性表明他们完全可以因自己的社会责任感而积极主动地进行学习。

---

① 雪伦·B. 梅里安. 成人学习理论的新进展. 黄健等译. 北京：中国人民大学出版社，2006

② 彼德·泰勒. 如何设计教师培训课程. 陈则航译. 北京：北京师范大学出版社，2006

③ 理查德·M. 勒纳. 人类发展的概念与理论. 张文新主译. 北京：北京大学出版社，2011

④ 雪伦·B. 梅里安. 成人学习理论的新进展. 黄健等译. 北京：中国人民大学出版社，2006

教师学习独立性的另一层内涵是自主性。这意味着成人可以主导和控制自己的学习行为，能够充分体现学习的能动性。教师学习的这种自主性通常会受到其动机的影响，霍尔的研究认为，成人具有三种独立的学习驱动倾向：一种是目标倾向，这种学习者将教育视为达到其他目标的工具；另一种是活动倾向，这些学习者是受活动本身所吸引或出于社会交往的需要而参加教育活动的；还有一种是求知倾向，这样的学习者是为了求知本身而学习的。① 当然教师的学习无论受什么样的动机驱使，其自主性倾向都非常突出。

2. 经验性

教师的学习与学生的学习最大的不同在于，教师有着丰富的经验。教师经验的形成，符合杜威关于经验的两个基本原则：一个是连续性原则，即"每一种经验都从过去的经验中吸纳一些有用的营养，然后以某种方式改变后来经验的质量"。另一个是交互性原则，即"某种经历之所以如此，那是因为在特定时间，个体与其所处环境之间发生了某种交互作用"。② 正是教师的这些在长期教育教学实践与成长历程中形成的经验，成为教师培训中"最有价值的资源"，也成为"成人学习者的活教材"。③ 因此，教师学习的经验性特征，为教师培训提出了完全不同于一般教学的要求，即教师培训必须要充分考虑并尊重学员已有的经验。换言之，培训者须在充分研究学员经验的基础上开展教学，而不能忽略或规避教师的经验。④ 因为"作为一个教育者，他的工作不仅是要灌输新的思想，也要处理或修正学习者的原有经验。在许多情况下，从原有经验中产生新观念会有一些障碍，这是新

---

① 理查德·M. 勒纳. 人类发展的概念与理论. 张文新主译. 北京：北京大学出版社，2011

② 理查德·M. 勒纳. 人类发展的概念与理论. 张文新主译. 北京：北京大学出版社，2011

③ 理查德·M. 勒纳. 人类发展的概念与理论. 张文新主译. 北京：北京大学出版社，2011

④ 瑞士学者安德烈·焦尔当在其《变构模型——学习研究的新路径》一书中，概括了教师对待学习者已有概念的四种立场，分别是：忽略学习者的概念、规避学习者的概念、认识学习者的概念、运用学习者的概念。

旧观念的矛盾冲突所致。如果教育过程开始于引导学习者原有的观念和理论，并且去检测这些观念和理论，然后使新的更精确的观念与个人的原有观念系统相结合，学习的过程将会事半功倍"①。

教师学习的经验性特征要求我们在培训活动中，要通过研究教师的培训需求，分析教师的知识背景，来建立符合其有效学习的培训起点。换言之，我们的培训既要满足教师的成长需求，还要尊重其概念体系与知识结构，从而达到在解决实践问题的同时，使教师的知识体系和思想体系也在同化与顺应的过程中发生深层的变化。

3. 现实性

美国学者约翰斯通和瑞沃拉的研究认为，成人所学的内容大部分是实用性的、技能导向的，而不是学术性的。"对完成日常工作任务、履行职责和改善绩效直接有用的学习内容，是整个成人教育活动中最为重要的一部分。"②教师也一样，他们接受培训，主要是为了更好地履行教师职责，成为一个具有良好胜任力的教师。正因此，我们今天在教师培训中所倡导的个性化培训或个性化学习，根本目的便是更好地满足教师教育教学的现实需求。

教师学习的现实性特征，要求教师培训的内容更多地与学校教育教学实践紧密结合，为教师的学习研究提供更多与其现实相关的情境体验或案例分析，通过使其产生情境的认同、情感的共鸣和认知的冲突，而产生深度的学习。因为每个教师的头脑中都运行着自己的概念、问题、想法、推理方式、意义产生方式等，这一切"通常会一概排斥不能引起其共鸣的所有信息"③。

---

① 理查德·M. 勒纳. 人类发展的概念与理论. 张文新主译. 北京：北京大学出版社，2011

② 雪伦·B. 梅里安. 成人学习理论的新进展. 黄健等译. 北京：中国人民大学出版社，2006

③ 理查德·M. 勒纳. 人类发展的概念与理论. 张文新主译. 北京：北京大学出版社，2011

4. 反思性

对任何一个学习者而言，教并不等于学，尤其对作为成人学习者的教师来讲，在教学活动中，学具有更加重要的意义。在学习过程中，他们不断激活并运用自己已有的知识经验，一边学习，一边"打乱"着自己头脑中的概念体系，使得解构与建构同时发生。① 这就是说，教师在学习的过程中，不同于学生对知识的吸收与建构，而是在批判与反思中，实现着知识的学习与观念的更新。

教师学习的反思性，对我们的培训提出了不同于中小学生的教学要求，而这样的要求无疑会推动教师培训方式的一些新的变革。首先，培训正在并仍将会以主题式研修为主，即培训是教师在培训者指导下，围绕大家在教育教学中有共性的困惑与问题开展的研究、学习、讨论。其次，培训将走向个性化咨询指导，即将来常态化的教师培训，除了一些特殊群体，如新任教师，进行班级授课式的培训之外，教师群体的主体都将实现与培训者或专家之间针对个性化问题的咨商。最后，培训将走向以校本为基础的混合式学习，因为"成人的学习兴趣根植于他们个人的经历，以及他们是谁，能做什么和想做什么的观念"②，因此，教师培训更有效的应该是与教师工作、生活休戚相关的学校情境中的校本培训，并且以校本为主的培训，会随着MOOC、网络研修社区等信息化手段的不断涌现与发展而更具现实意义。

二、教师学习的有效策略

针对教师学习的这些特征，教师培训应该以激发教师的自我学习为主要目标，并运用相应的激励策略。

1. 自驱力策略

根据凯普的观点，自驱力立足于企业员工的自尊和自我实现等心理需

---

① 理查德·M. 勒纳. 人类发展的概念与理论. 张文新主译. 北京：北京大学出版社，2011

② 理查德·M. 勒纳. 人类发展的概念与理论. 张文新主译. 北京：北京大学出版社，2011

求，旨在使员工渴求不断地完善自己，将自身的潜能发挥出来，并以巨大的热情主动投入工作，甚至不计报酬地寻求创造性的任务解决方案。① 教师在培训过程中面临的最严峻的问题是工学矛盾，但仔细分析，工学矛盾背后可能还隐藏着更加深刻的原因，这便是教师的学习动力问题。正是在这个意义上，笔者在培训实践中，始终致力于探寻激发教师成长动力的策略，其中自驱力策略便是我们运用的促进教师有效学习的策略之一。

（1）激活积极价值。

教师的价值追求决定着其人生境界，进而影响着其学习的动力。正如冯友兰先生所说的那样，人生的四个境界中，"道德境界有道德价值，天地境界有超道德价值"②。因此，我们认为，在培训中，激活教师积极的价值追求，使其进入人生的道德境界或天地境界，无疑是从根本上解决教师成长动力的关键。关于个人价值观对其行为的影响，心理学家们在职业选择中做过大量的研究，罗森伯格（Rosenberg）对大学生选择教育目标的原因进行了研究，发现了四种基本价值观，即以助人的态度与他人一起工作、赚大量的钱、赢得社会地位和声望、有创造性和运用特殊才能的机会。③ 其实，这些研究结论同样也适用于教师的学习行为，因为不同的价值追求，会对教师的学习动机产生不同的影响，并进而影响其学习行为。而从激发教师内在学习动力的角度来看，"有创造性和运用特殊才能的机会"这样的价值取向或许具有更加重要的意义。

（2）激发内部动机。

动机是引发、指引和维持行为的内部状态。心理学家们通常从五个方面研究动机：人们做出怎样的行为选择？行为的启动需要多长时间？投入的深度或水平如何？一个人坚持或放弃的原因是什么？在活动过程中个体想到什么或感受如何？他们根据这五个基本问题的研究，形成了两种动机

① 汤丰林. 挖掘教师工作中激动人心的力量——凯普"自驱力"的教育阐释. 中小学管理，2005(2)

② 冯友兰. 中国哲学简史. 北京：北京大学出版社，1996

③ 安德烈·焦尔当等. 变构模型——学习研究的新路径. 杭零译. 北京：教育科学出版社，2010

倾向：一种是内部动机，主要产生于诸如兴趣或好奇心等因素，当个体受到内部动机激励的时候，他不需要任何诱因或惩罚，因为活动本身就是报偿；另一种是外部动机，是个体为了取得高分和赞誉、避免惩罚、取悦他人或为了与任务本身几乎无关的其他原因而所产生的动机。① 由此可见，动机的产生与个体的价值追求是直接相关的，有些价值取向会引发内部动机，而有些则诱发外部动机。从教师培训的视角来看，真正激励教师有效学习并能使其从学习中获得乐趣的诱因，无疑应该是教师指向其自我成长的价值追求，或用马斯洛的观点来讲，应该是其自我实现的价值追求。而这样一种追求，自然又回到了教师的职业情怀与境界。因此，我们认为，教师培训的根本目的应该是，激发教师建立一种更加超脱的价值追求，使其教育教学行为本身产生内在的价值体验，进而产生教育与生命价值的融合，达到古人所谓"天人合一"的状态。这样，教师在培训中，就会受自驱力的推动，更加有效地学习。

2. 转化性策略

转化性策略就是在培训中通过采取一系列促进教师内在发展的措施，使教师将培训内容转化为自己内在的知识、技能与价值体系。而这样一种深层的转化应该建立在体验学习的基础之上。根据库伯的观点，学习者要进行有效学习，必须具备四种不同的能力：一是具体体验，即学习者必须能充分地、开放地以及没有偏见地参与到新的经验中去；二是反思观察，即必须能从多种角度去反思观察他们的体验；三是抽象概括，即必须能形成概念，能结合他们的观察而形成逻辑语言理论；四是行动应用，即必须能使用这些理论来做出决定并解决问题。② 可见，教师培训中转化性策略的运用，旨在促进教师更好地提高这四种能力。在体验学习理论指导下，我们在培训中应该着力于情境的创设和实践性反思来实现学习的转化。

---

① 库伯. 体验学习：让体验成为学习和发展的源泉. 王灿明等译. 上海：华东师范大学出版社，2008
② 雪伦·B. 梅里安. 成人学习理论的新进展. 黄健等译. 北京：中国人民大学出版社，2006

（1）创设促进体验学习的情境。

有助于激发教师学习的情境，应该是一种具有一定困难，需要努力克服且又是力所能及的问题情境。这样的情境应该能够激发教师通过"认知情感—认知期待—认知激活—认知冲突—认知需求"对所学内容产生深层的主观体验，进而使其启动体验学习。这五个因素是笔者在实证研究的基础上建构的问题体验的五个核心要素，其中认知情感是指个体在面对问题的时候所产生的好恶、好奇、兴趣等反应，它会促进或抑制个体对问题的认知进程；认知期待是指个体对问题的解决方式或结果所产生的直觉性的预期，或者说是个体针对当前问题而产生的结果期待；认知激活，一方面是指个体在面对问题时所产生的生理或心理上的准备状态，另一方面主要是指个体与客观问题相关联的已有知识是否处于积极状态及已有知识激活的量；认知冲突是指在智能发展过程中原有概念（或认知结构）与现实情境不符时，在心理上产生的冲突现象，其结果是会导致原有概念的改变；认知需求是个体在已有知识的基础上，试图通过对问题的深层探究，以解决认知冲突的内部冲动或力量。五个要素以认知情感为起点，会逐步产生驱动个体有效学习的内在体验。① 因此，培训中的情境创设，就是依据培训主题，设置能够激发教师产生深度体验的学习情境，进而使其在体验中逐步产生更加深入的学习。

（2）促进知识与技能有效转化的实践性反思。

反思是促进培训转化的十分有效的方式，但培训活动中教师的反思应该与其教育教学实践紧密结合。通过反思促进教师的转化可以有多种不同的方式，在培训中比较有效的方式有以下几种。

①主题式培训沙龙。这是指创设一种平等、民主的氛围，在专业人员的主持下，通过教师就共同关心的问题进行有主题的深度交流与自由讨论，达到相互启发、明晰问题、形成思路之目的的培训组织形式。这种培训活动，按组织形式可分为谈话式沙龙、论坛式沙龙、分享式沙龙；按主题可

---

① 汤丰林. 问题体验论. 北京：首都师范大学出版社，2010

分为经验交流沙龙、学术研究沙龙、问题讨论沙龙。沙龙组织实施过程主要包括生成主题、确定主持人、拟定提纲、准备发言、组织实施、总结反思六个环节。

②反思日志。这是培训过程中要求参训教师每次活动后都必须要做的一种反思活动，主要要求教师就培训活动中的核心内容进行深度思考并写出反思体会。这是促进教师将每天的培训所得进行转化的有效方式。

③自主式主题写作。这是指教师在培训过程中，围绕培训主题开展的自由写作活动。它是教师边学习、边实践、边反思、边提升的成果，既是培训过程的逐步深化，也是培训成果的主动转化。这种写作方式具有自觉性、开放性、灵活性的特点，是对主题的深入理解与转化，能够更好地提升培训的效果。

三、教师学习的动力分析

从培训的角度来看，教师的参训动力至关重要。关于教师的参训动力问题，实践场和学术界都非常重视，有研究者将教师培训实践中表现出的动力不足问题做了概括，认为主要表现为：培训态度不够认真、培训认识不够到位、培训浮躁心理比较明显、职业倦怠现象比较突出。同时从教师培训政策改进与重构的角度提出了解决教师参训动力的政策建议。① 从政策层面寻求解决教师参训动力问题同样也是国家政策关注的焦点，2013 年《教育部关于深化中小学教师培训模式改革，全面提升培训质量的指导意见》明确提出，要通过建立教师自主选学机制和培训学分认证制度，激发教师参训的动力。无疑，这从政策保障的角度对教师参训动力问题做了制度设计。笔者认为，这些措施都是非常必要的，但却只是教师参训动力的外部促进因素。因为"我们可以把马牵到河边，但不能强迫马喝水"。我们通过一定的制度设计，可以促使教师积极参加培训，但培训中是否真的发生了学习则是需要思考的问题。因此，我们要真正解决的问题应该不是简单的参训

---

① 邵健剀. 教育人事政策与教师培训动力的影响性研究. 宁波大学硕士学位论文，2010

动力，而是教师持续学习的动力。换言之，教师培训的重点应该不在培训本身，而在于如何激发教师自主学习的动力与行动。所以，培训应该类似于教师学习的"脚手架"，其目的是促使教师走上一条自觉、自愿学习的道路，并产生持续的学习动力。

学术界对教师学习动力问题有大量的研究成果。有研究者提出教师学习动力是指促使教师为促进学生和自身发展而不断进行学习的能量，包括内部力量和外部力量，认知的力量和非认知的力量。同时，提出了由潜在力、激发力、维持力、反馈力构成的教师学习动力系统结构。① 还有研究者研究了教师自主学习的内在动力问题，得出这样的结论："自主学习是强调主动、独立和负责的学习，与被动学习相对，它的显著特征之一就是内部学习动机。通过调查研究了解到，大多教师都有自主学习的动机，将学习作为内在需要和追求，认可要不断地进行学习提升自我，但仍然以完成学校或上级单位规定的学习任务为主，没有形成自主学习的常态。"②这些研究表明，教师的学习有内在的动力机制，但要想真正激发教师自主学习，则需要调动其内部动机。这个动机就是马斯洛所说的自我实现需要，对教师而言，则是教师努力追求以实现教育理想和自我价值的需要。从这个意义上讲，我们的培训首先必须要解决的是让教师发自内心地爱上学生、爱上教育，使其将教育与人生紧密结合起来，真正具备理想主义加浪漫主义的教育情怀。而具备了这样的前提，教师缺乏学习动力的问题自然就会迎刃而解。

第三节　培训视域中的教师观

教师培训的对象是教师，培训者心中一定要有一个对培训对象的清晰"画像"，并始终围绕这个"画像"设计课程，实施培训。这个"画像"就是培

---

① 刘伟波. 教师学习动力研究. 四川师范大学硕士学位论文，2009
② 李杏丽. 小学教师学习动机问题研究. 东北师范大学硕士学位论文，2013

训视域中的教师观。

一、培训应确立的教师观

教师培训最受关注的问题莫过于如何提高培训的针对性和实效性。这个问题政府、学界和参训教师都很关注。早在 1999 年教育部颁布的《中小学教师继续教育规定》就明确指出："中小学继续教育应坚持因地制宜、分类指导、按需施训、学用结合的原则，采取多种形式，注重质量和实效。"2011 年《教育部关于大力加强中小学教师培训工作的意见》进一步强调："根据实施素质教育的要求，并针对不同类别、层次、岗位教师的需求，以问题为中心，案例为载体，科学设计培训课程，丰富和优化培训内容，不断提高教师培训的针对性和实效性。"其实，不仅如此，几乎在教育部和全国各省市出台的与教师培训相关的所有文件中，都会提及培训的针对性和实效性问题，足见其受关注和受重视的程度。

学术界与培训实践领域有关教师培训针对性和实效性的研究、探索更是热点话题，笔者在"中国知网"以"教师培训的针对性和实效性"为关键字段进行全文搜索，涉及的文章数就达 119491 篇。这些文章从需求分析、课程设计、模式选择、过程管理等各个方面对如何提高培训的针对性和实效性做了探索，其中既有理论研究、理性思考，也有实践经验的总结提炼。

值得我们深思的是，为什么政府如此重视，研究者和实践者如此用心探索，但培训的针对性和实效性却依然是一个难解的结呢？笔者在长期培训实践中，常常会听到参训者这样的说法："某老师课讲得特别好，对我们非常有用。""本次培训收获很大，我们学到了许多方法，回去就可以在教学中运用。"应该说，参训教师能有这样的评价，表明这样的培训一定是好的培训。于是，我们的培训者也就循着这样的路径，努力设计对教师"有用"的培训。

但久而久之，笔者却萌生了隐约的忧虑，难道"有用"就一定是有针对性和实效性吗？笔者觉得，如果我们总是以"有用"为衡量标准，那么我们的培训好像在不经意间陷入了功利主义的误区。而背后隐藏的则是将教师视为"匠人"的教师观。

因此，笔者认为，真正有针对性和实效性的培训，不仅要将教师视为具有良好工匠精神的"匠人"，而且应该将教师视为德才兼备的高智慧人才。因此，培训应该围绕专业情怀、专业知识、专业能力进行系统设计，其中既要有一招一式的技能与方法训练，更要立足于全面素养的提升，使之向着"四有新教师"和"四个引路人"的目标成长。从这个意义上讲，我们讨论针对性与实效性问题，不能简单地以实用主义的标准来评价，应该以价值理性和工具理性相结合的标准去衡量。套用一下那个大家都熟悉的隐喻，给学生一碗水，教师就要有一缸水，那么培训则应该成为一条河，随时能给那只缸提供取之不尽的活水。也正因此，我们衡量培训不仅要考虑其针对性和实效性，更要考虑其长效性，只有将这三个方面紧密结合的培训才是好的培训。

二、培训视域中的教师发展

我们认为，促进教师发展的目标应该是提高其作为教育者和引导者的角色行为水平。由此，我们建构了促进中小学教师专业发展的结构系统，这个系统由内容系统、动机系统、策略系统三个部分构成，且三个系统之间有着相互联系、相互影响、相互促进的关系。

1. 内容系统

内容系统，即作为一个教师应该具备的知识、能力等，是教师专业发展的核心内容，也是通过培训相对比较容易得到提升的部分。

(1)教师的知识。关于教师应该具备的知识结构或体系，国内外研究者们提出过各种不同的观点。我们可以对一些著名学者的观点做如下梳理(见表1-1)。

表 1-1　国内外部分研究者关于教师知识结构研究的概况①

研究者信息	教师知识结构
L. Shulman	学科知识、一般教学法知识、课程知识、学科教学法知识、学习者及学习特征知识、教育情境知识、教育理念、价值观知识

---

① 王俊. 教师知识结构研究. 华东师范大学硕士学位论文，2005

（续表）

研究者信息	教师知识结构
P. L. Grossman	内容知识、关于学习者和学习的知识、一般教学法知识、课程知识、背景知识、自我知识
M. J. Gimmestad & G. E. Hall	普通知识、内容知识、教学法知识、学科教学知识
M. Reynolods	任教学科知识，教学理念知识，学生与学习知识，教师组织与管理知识，教学的社会、政治、文化背景等知识，特殊儿童知识，课程知识，评价知识，各学科特有的教学知识，阅读及写作的教学知识，数学方面的教学知识，人际沟通、协调合作的知识，教师法定权利与义务的知识，教学的道德与伦理知识
W. Gilbert，L. Hirst，E. Clary etc.	关于学校作为一种机构的知识，包括美国教育史、教育哲学、职业道德、公共政策、学校法规、学校组织等；关于学生的知识，包括多元文化教育、社会经济因素、学习理论、人的发展等；教学知识，包括课程发展、教学方法、教学技术、测量、学习风格等；实际应用的知识，包括人际关系、教育管理、评价与建模等
林崇德、申继亮等	本体性知识、条件性知识、实践性知识
单文经	与教育专业相关的知识，包括教学知识、教育目的知识、学生身心发展知识、其他相关教育知识；与教材相关的知识，包括教材内容知识、教材教法知识、课程知识
钟启泉	作为素质教育的学校知识大体包括三个层面：实质性知识、方法论知识、价值性知识

　　基于这样的分析，我们认为，从培训的角度看，教师的知识应该由五个部分构成，这便是：政策性知识，即国家和地方有关教育教学改革发展的各种政策和要求，旨在明确教育教学改革发展的方向，如《国家中长期教育改革和发展规划纲要（2010—2020 年）》《国家教育事业发展"十三五"规划》及地方相关政策；规则性知识，即国家、地方、学校有关基础教育教学的法律、规范和制度，如《中华人民共和国教师法》《中学教师专业标准（试行）》《小学教师专业标准（试行）》及地方和学校的相关教育教学行为规则；专业性知识，即教师的教学专长及教育学、心理学等方面的知识；实践性

知识，这是教师在长期的教育实践中积累而形成的带有浓厚个人特点的知识或经验，它是教师知识结构中的重要内容；文化知识，广博的文化知识是教师必备的知识基础。

（2）教师的能力。关于教师能力结构的研究有各种不同的观点，比如，国际培训、绩效、教学标准委员会（IBSTPI，2004）针对教师的能力标准，提出了5个方面的18种能力，包括专业基础4项能力，分别是有效交流沟通的能力、更新和提高自己专业知识和技能的能力、遵守已有的道德规范和法律条文的能力、树立和维护职业声誉的能力；计划与准备2项能力，分别是设计教学方法和教学内容的能力、教学准备的能力；教学方法与策略8项能力，分别是激发并维持学习者的学习动机和学习投入的能力、表现出有效的技巧的能力、表现出有效的命中促学技巧的能力、表现出有效的提问技术的能力、提供阐释和反馈的能力、促进知识和技能巩固的能力、促进知识和技能迁移的能力、使用媒体和技术来加强学习与改进绩效的能力；评估与评价2项能力，分别是评估学习和绩效的能力、评价教学效果的能力；教学管理2项能力，分别是管理促进学习和改进绩效环境的能力、适当使用技术管理教学过程的能力。① 法国国民教育部2007年颁布的《教师培训大学学院的教师培训管理手册》提出了中小学教师应具备的10种能力，分别是教师作为国家公务员的道德和职责、教学和沟通的语言能力、学科教学能力和综合文化素质、计划并实施教学活动的能力、组织班级工作的能力、了解学生多样性的能力、评价学生的能力、使用信息和通信技术的能力、与学生家长和学校伙伴协调合作的能力、改革创新能力。②

我国研究者也提出了不同的观点。有研究者结合中小学教育实践，提出了3大方面的15种能力，分别是教育方面，包括学科德育渗透能力、研究学生的能力、组织协调能力、合作能力、理解控制自己与他人情绪的能力；教学方面，包括把握教材的能力、指导学生学习的能力、运用现代教

---

① 黄白. IBSTPI教师能力标准与我国中小学教师专业标准研究. 江苏教育研究，2008(11)

② 胡淼. 21世纪法国中小学教师专业能力标准探析. 比较教育研究，2011(8)

学技术的能力、学科教学审美能力、教师的自修能力；教育科研方面，包括听评课的能力、创造性地设计教学方案的能力、经验升华能力、研究教育教学问题的能力、撰写教育教学研究论文的能力。[①] 教育部于 2012 年发布的教师专业标准也提出了教师的专业能力，如《中学教师专业标准（试行）》提出的教师专业能力包括教学设计、教学实施、班级管理与教育活动、教育教学评价、沟通与合作、反思与发展。我们在教师培训的长期实践中，也逐步形成了对教师能力的一些认识。我们认为，教师能力除了上述所说的各种专业能力外，还应该有较强的系统思维能力、沟通协调能力和应变能力。

系统思维是说教师必须要有开阔的视野、广博的知识、较强的逻辑思维能力，要不断提升自己的思维品质，特别要提升自己的批判性思维能力和创造性思维能力，为提高自己的教育教学水平奠定良好的思维基础。教师提高系统思维能力，应该学会结构化思考的方法。沟通协调能力是一个教师发挥教学组织实施者和学生管理者作用的重要能力。应变能力具体表现在教师能够根据不同对象、不同事件、不同时间、不同环境采取不同的教育策略。

2. 动力系统

动力系统，即教师的情绪、动机、自我效能感等影响专业发展的非智力因素。

心理学的观点认为，情绪是唤起心理活动和行为的动机。简言之，情绪具有动力作用，而工作情绪则对工作积极性有动力作用。正因此，情绪管理专家黄玄清说："用理智和意志来控制情绪，从表面上看是对自己的天性和自由的约束，实际上这种约束却能使你获得更多的自由。因为在某种程度上，能够控制自己的情绪就意味着主宰了自己的命运。"[②]对中小学教师而言，因为工作压力大，就容易滋生情绪疲劳，甚至会导致工作倦怠，而工作倦怠无疑会直接影响教师的专业成长。

---

① 莫卓凌. 论中小学教师的综合能力结构. 广西教育，2011(17)
② 黄玄清. 哈佛情商. 北京：中国妇女出版社，2006

动机是推动个体活动的内部动力，它指明了个体行动的方向以及它由什么引起，又如何保持不变的原因。简言之，动机是引发、引导和维持行为的原因。教师专业成长有内部动机，也有外部动机，但能够产生持久动力的应该是内部动机，如个人的成就动机、成长需要等。当然，外部动机也有动力作用，如社会竞争、考核评估等。

自我效能感是人们对自己能够完成特定任务的行为能力的认知、评价。它具有多维性、多结构性，具有高度领域性特征，是情境化的。这就是说，教师的自我效能感是其对自己能够有效进行教育教学工作的能力的认知与评价。

我们认为，教师专业发展动力系统中的情绪、动机和自我效能感之间会构成一种相互影响、相互制约或相互促进的关系，并在一定意义上决定着教师专业发展的水平。正因此，我们在培训过程中，解决教师专业发展的动力问题，有着十分重要的意义。

3. 策略系统

策略系统，即教师在动力系统影响下，针对内容系统的不同方面采取的提升自己专业化水平的操作性策略，简单地讲，就是教师专业发展的途径、方法与策略。我们认为，教师专业成长的途径可以简单地概括为两大类：一类是自主性发展，即通过自主学习、研究等方式提高自己的专业化水平；另一类是支持性发展，即通过以培训为主的方式提高自己的专业化水平。教师在专业成长的不同途径下，会运用不同的策略，采取不同的方法。但无论通过什么途径，运用什么策略与方法，都是与内容和动力两大系统直接相关的。

总之，我们认为，只有培训者不断深入实践，通过调查研究和亲身体验，在自己的思想中建构起一个对教师从抽象到具体的完整认识，才能够确保其培训具有较强的针对性和有效性。

第四节　基于专业化的培训观

　　培训者不仅要有清晰的教师观，而且要有明确的培训观，即要建立起对自己所从事的培训工作的专业追求和愿景。对此，我们从培训专业化的角度入手进行探索。

一、教师培训专业化的基本内涵

　　中小学教师培训专业化，是指在学校教育教学相关领域有研究专长的专业人员有目的、有计划、有组织地设计、实施和评估中小学教师培训全过程的教育活动，其目的有二：一是促进教师观念、知识、能力、行为等的变化，二是促使培训全过程逐步符合专业化的基本要求。根据学术界对"专业"的基本理解，对教师培训专业化的基本界定至少应该包含以下三层含义。

　　1. 中小学教师培训必须由专业人员承担

　　这里所谓的专业人员是指以基础教育相关领域为专业背景，在教育教学、教师成长、学生发展等专业领域有长期和深入的研究，并能在教师培训中承担专业性教学或指导任务的教育工作者。简言之，承担教师培训任务的人员，必须要在基础教育相关领域有自己的思考与研究，甚至在某些专业主题上要有一定的"话语权"。应该说，由专业人员来实施培训是教师培训专业化的根本保障。

　　2. 培训必须以促进中小学教师的专业成长为目标

　　中小学教师的专业化发展是近年来教育研究与实践领域共同关注的一个热门话题。虽然大家对专业化的认识有所不同，但都认为教师专业化应以提高教师教育教学的专业化水平为目的。作为培训者，我们从三个层面来定位促进教师专业成长的目标：第一个层面是观念意识层面，即促使教师深入研究教育教学规律，清晰把握教育教学发展的方向，形成自己的教育教学思想。第二个层面是思维层面，即改变教师的思维方式。教师的思维方式往往决定其行动方式，思维水平往往影响其教育教学水平。第三个层面是策略方法层面，即让教师在深入理解、系统思考教育教学的基础上，有效运用教育教学的方法与策略。

3. 中小学教师培训的实施过程要有专业标准或规范

这是促进教师培训专业化发展的重要内容，重在提高培训过程的专业化水平。我们的基本认识是，教师培训要注重点、线、面的有机结合，对整个培训活动要有完整的制度或规定，要有清晰的流程设计，对培训的每一个具体环节都要有明确的要求或标准。目前，全国各地的教师培训机构都制定了适合当地实际的培训规范、培训流程和操作标准，研究者们也致力于探索一些更具普适意义的培训实施规范，但都只是一些框架性的探讨，还需要进一步研究与实践。

二、教师培训专业化的实践探索

从我国教师教育的情况来看，中小学教师培训既是行政推进的工作，又是一项专业性很强的教育活动。二者相辅相成，行政推进可以为专业发展教育提供保障，而专业发展教育又可以提升行政推进的价值。因此，中小学教师培训实践的基本格局是借行政推进之力，积极促进培训的专业化进程。

1. 促进培训者的角色转变

教师培训能否走上一条专业化的道路，关键在于是否有一批符合培训专业化要求的培训者。我们之所以用"培训者"而不用"教师"的概念，一个简单的想法是，中小学教师的培训者不同于普通意义上的教师，它包含了教师的全部内涵，但又在传统意义的基础上有所延伸。培训者大体要扮演四种角色：一是设计者，即培训者要能够对培训的全过程及具体环节进行整体思考与系统设计；二是引导者，即培训者要能带领教师们积极参与培训的每一个环节，并努力实现每一个环节的预期目的；三是指导者，即培训者能够对教师在培训中及日常教育教学中遇到的问题进行指导；四是研究者，现行的教师培训已不是培训者与教师之间简单的教与学的过程，而是二者共同研究教育教学相关问题的过程。因此，培训者必须是一个有一定学术基础及研究能力的研究者。

2. 探索注重实效的培训方法

在培训实践中，我们着力于探索并实践注重体验、注重自主和注重实践的"基于行动研究的主题式培训"模式。在传统的专题讲座、小组讨论、课堂观摩等方式的基础上，又形成了一系列行之有效的培训方法与策略。

(1)拓展训练。

拓展训练是体验式培训的重要方式之一，旨在通过一系列激发自我潜能、挑战心理极限和形成团队意识的活动，如背摔、悬崖速降、孤岛求生等，改变教师的心智模式，进而改变其行为模式。通常，该训练模式都在项目启动之初进行，这样既有助于班集体的形成，也有助于教师调整心态、转换角色，达到促进项目有效实施的功效。

(2)异地培训。

异地培训是在传统的异地教育考察的基础上演化而来的，其方式大体是围绕研修主题，通过整合兄弟省市的优质教育资源，集中进行一段时间的培训。其目的是通过了解和感受异地的教育教学实践，既深入了解优质教育状况，又深度共享优质教育教学资源。

(3)校际互访交流。

校际互访交流不同于一般意义上的参观考察，而是以班级或小组为单位，确定一定数量的在教育教学上有特色的学校，在专家指导下，通过听课、参观、交流、研讨等方式，一方面进行诊断性问题研讨，另一方面进行校际的相互学习。其独特之处在于：①无论走进哪所学校，都是在研修主题框架内进行有主题的学习交流；②所有学员都要积极参与相应主题的研讨，并为访问学校的教育教学提出建设性的意见或建议。校际互访交流是主题研修的深化，也是理论学习的实践化，更是培训成果向实践策略转化的有效途径。

(4)师干联动。

为了形成促进教师培训成果转化为学校教育教学实践的行动策略，我们可以探索实践干部和教师的联动培训，可以有如下具体做法：①举办教学干部和一线教师联合培训班，即培训班的每位干部带本校的 3～5 位教师共同参加培训，联合开展针对本校教育教学实际问题的研究，并形成具有很强实效性和针对性的研究成果。②在校际互访交流中，鼓励参训教师带领本校其他教师走进互访学校听课、研讨，以发挥辐射作用，促进大家共同成长。③举办干部教师联合论坛，为校长、教师、专家搭建围绕共同话题进行对话交流的平台，以积极推动学校在相应主题方面的工作。

3. 开发基于主题的培训内容

"基于行动研究的主题式研修模式"的突出特点在于对培训内容的探索，可以建构形成一系列以研修主题为线索的菜单式培训课程。整体而言，这些课程会构成三大体系。

（1）全员通识课程。

全员通识课程是针对所有培训对象的共同课程。这类通识课程涉及教师必备的文化知识，大体包括国内外政治、经济、社会形势与政策，国家与地方教育发展的形势与任务，学校教育教学改革发展的前沿问题，中国传统文化，教师的个人成长问题，以及文化类和科普类问题等。

（2）同质班共同课程。

同质班共同课程是同一个层次的教师培训班共同开设的课程。如小学数学教师班可以联合开设"数学的本质""教学领导力"等课程，班主任培训班可以共同开设"体验式德育"等课程。这些课程通常都是同类教师共同关注的话题，也是在学校教育教学实践中共同面对的问题。

（3）培训班个性化课程。

以上两类课程在一定意义上都是超越研修主题、直指教师基本素养的培训内容，在整个课程体系中是非常重要的，是充分条件类课程，但所占的比例不会太大。个性化课程是培训课程中的核心内容，是必要条件类课程，是每个培训班诠释和细化培训主题的主导课程。比如，以"教师如何帮助注意缺陷多动障碍儿童（ADHD）"为主题的课程，包括"什么是注意缺陷多动障碍""如何在课堂教学中让多动症儿童更加集中注意力""如何针对儿童的问题进行家校沟通"等。①

4. 建构可操作的质量保障体系

结合培训实践，我们可以从以下几方面建构培训质量保障体系。

(1)工作流程。

工作流程是确保培训整体性与规范性的重要内容，从项目申报开始，就应该进入规范的工作流程：项目确定→项目申报(含项目申报书、可行性论证报告、经费预算方案)→方案制订(含需求调研、主题研讨、方案拟订、方案论证等)→项目实施→总结评估→成果固化与延伸等。每个环节都应该规定具体的工作内容和组织管理程序，整个实施过程都有专人适时提醒督促。

(2)指导规范。

针对工作流程中的每一个环节，制定可操作的规范。根据我们的经验，这些规范大体包括三类：①框架性规范，即对一些重要文本制定的框架性要求。这些要求有些是教育行政主管部门统一的规范，如项目申报方案和项目可行性论证报告等；有些是在实践中形成的供项目人员参照执行的规范，如培训方案的框架性结构等。②标准性规范，这是依据相关政策和标准制定的一些必须遵照执行的规范，如经费标准等。③行动性规范，即对项目实施具有指导意义的规范。行动性规范也可分为三种：一类是供培训者使用的，如项目人员工作手册；另一类是供学员研修使用的，如校际互访指导手册、读书学习指导手册等；还有一类是培训者和学员共同使用的，如各类日志等。

(3)管理制度。

管理制度是确保项目有序、有效运行的刚性规范。管理制度包括一些具体的职责规章，如项目人员工作职责、经费管理规定、学员研修条例等。可以制定针对不同培训环节的管理制度。

三、教师培训专业化的问题反思

教师培训是一项复杂的系统工程，还需要对许多问题进行探索与思考。

---

① 引自北京教育学院金颖博士的项目设计方案，特此致谢。

从培训专业化的角度来看，我们需要特别关注以下几个矛盾。

1. 学习与工作的矛盾

工学矛盾是培训遇到的一个最严峻的问题。因为教师基本都是边接受培训边工作，这就造成了刚性的工作要求与柔性的行政约束力不足之间的矛盾，导致"刚""柔"难以相济的局面。这种工学矛盾是培训中不可回避的问题，也是一时无法用刚性的政策来解决的。虽然加强计划性可以解决一些工作与学习冲突的问题，但要彻底解决，还需要做大量艰苦的工作。

面对工学矛盾，我们要进一步提高培训的针对性，探索个性化培训与共性培训有机结合的方式，借助网络手段，促进教师的自主学习，同时推进小组研究，以达到培训的预期目标。

2. 策略与学理的矛盾

我们在培训中的另一个困惑是教师对办学策略或方法的追求重于对学理和思想的追求。一个教师能否做好教育教学工作，策略固然重要，但思想更重要。在教师培训中，我们要注重方法或策略的培训，也不能忽视了学术研究和思想交流，否则就可能陷入工具主义的误区，甚至会把教师引向偏离教育本质的轨道。

面对这样的问题，我们必须从培训者的视角，确立自己的教师观与培训观，要从更高的站位去建构培训体系，积极引导教师的学习与研究，以促进其健康发展。

3. 收获与转化的矛盾

我们在培训中的第三个困惑是如何促进教师将培训中的收获转化为自己的教育教学思想与策略。教师培训的终极价值在于促进学生的发展，而这个目标又只能通过教师本人的发展去实现。如何促进教师的发展，进而促进学生的发展，是培训工作的又一个难点。在多年的实践中，我们深切地认识到，解决这个矛盾的重要途径是研究与培训结合，走研训一体之路。

四、"大培训观"的建立

根据我们对教师培训的理解和反思，要使培训能够对教师的成长与发展产生深层的触动，我们需要在更高层面上建立自己对培训的认识。简言之，我们需要建立自己的培训观，且这样的培训观应该是一种"大培训观"。

教师培训的"大培训观"是指在现代教育改革发展的大背景下确立的基本的教师培训观，简单地讲，是以"研训一体"为基础，以培训者和被培训者的角色转变为条件，将培训活动从学院式的课堂延伸到中小学一线的教育教学实践场、从培训期间的研究与学习延伸到培训结束后更长远的研究与交流的教师培训观。这样的培训观包含以下三个核心特征。

1. 以研训一体为基础

现代教师培训，一方面要打破"教"与"学"的传统模式，围绕一定的培训主题开展以行动研究为基础的研究、学习活动，使培训与研究、学习统一起来，实现在培训中开展研究，通过研究促进培训；另一方面则要逐步推动教研与培训的高度统一，使得教研与培训相互补充、相互促进。在这个过程中，培训、科研、教研、学习等不是相互独立的活动，而是相互联系、紧密结合，立体化促进教师专业发展的过程。

2. 实现角色转变

培训者与被培训者在整个研修过程中，不是简单的"教"与"学"的关系，而是设计者与合作者的关系，双方形成了以共同学习、共同研究、共同成长为基础的"研修共同体"。在这个意义上讲，培训者和被培训者都是学习者，也都是研究者，只是培训者对培训进程发挥着更加积极的引导作用；中小学教师则在培训过程中发挥着更加重要的研究作用。这种角色的转变，会有效促进理论与实践的有机结合，即对培训者而言，可将理论充分地运用于指导实践；而对教师而言，则可使自己的教育教学实践经验得到积极的提升。

3. 促进培训延伸

培训延伸应该包括"横向"和"纵向"两个方向。从横向而言，教师培训要从学院式的培训课堂延伸到以一线学校和社会文化场景为背景的广延性课堂，并要以后者为主要培训课堂。这就是说，新形势下的教师培训，更加关注培训对象的办学实践和培训的生态效应，并且这种注重生态效应的培训是以培训者与被培训者的共同成长为基础的。从纵向而言，则是要将培训中形成的"研修共同体"从培训阶段延伸到培训后更加长远的时期。简言之，培训班是会结束的，但培训者与被培训者之间的研究与交流却不会结束，双方会形成以中小学教育教学中的问题为兴趣点的合作研究关系，即"研修共同体"。我们深切地认识到，这种以促进并服务于中小学教育教学为主要目标、由培训者与被培训者形成的以合作研究为主要手段的非正式的学习型组织，既符合现代教育发展的需要，也符合双方共同成长的需要。

其实，"大培训观"是一种教师培训观念的深层变化，我们希望通过这样一种观念的转变，逐步打破狭隘的教师培训思维，致力于建立职前职后一体化、职后培训多元化与常态化的教师终身教育体系。职前职后一体化，即教师的培养从课程设置到培养方式都要发生根本性的变革，使师范院校培养的教师能够更好更快地适应教育教学的需要，适应教育改革的需要，而不是通过大量的培训来满足。我们希望教师培养能更好地解决教师的基本素养与基本胜任能力的问题，而教师培训则应解决教师水平提高与发展的问题。职后培训多元化与常态化则意味着，我们的培训应该建立满足教师不同成长需要的体系，逐步实现统一培训与个性化咨询指导相结合，现场研修与网络学习相结合，政策主导性培训与教师主动学习提高相结合。

第五节 教师培训的学科取向

国内关于教师培训研究的成果非常丰富，但总体来讲，基本都停留在经验总结或初步的理论概括阶段。梳理近 20 年来的相关文献，我们大致可概括出两条研究路径：一是围绕提升教师专业化水平的方向进行的研究，如教师专业化的策略与途径等；二是围绕教师培训问题的探讨，如培训需求、培训课程、培训模式、培训评估等。

我们在大量的教师培训实践中，也开展了广泛的研究。这些研究按历史发展的线索，大致可分为三个阶段：一是教师培训规律的研究阶段，研究者们主要依据教师成长的规律和成人学习的特点，以培训实践经验总结为基础，从宏观上探索教师培训的一些基本规律或原则；二是教师培训专业化的研究阶段，主要体现在以"培训专业化"为核心概念，对培训全过程的主要环节进行以实践和实证为基础的理论构建，以期为教师培训提供系统的操作规范和理性指导；三是教师培训的学科创立与研究阶段，主要体现在从学科体系的角度，对教师培训进行结构化的理论建设，使教师培训研究从工具理性上升到价值理性。

一、关于学科内涵的反思

在大规模开展教师培训的形势下，我们反思长期教师培训实践与研究的经验，始终在探索推动教师培训的学科构想，但这样的一些探索并不意味着它已经成了一门真正的学科。因为"任何一门学科在其未成'学'（科）之前，总是支离破碎、不成系统的，总是一些感性认识或部分理性知识的杂合，一旦成'学'（科），它就是一个由不同的但却相互延伸并连接在一起的具有内在逻辑关系的各个知识单元和理论模块组成的知识系统"①。因此，教师培训能否成为一门真正的学科还需要走过非常漫长的道路，因为它还有许多基础问题需要研究、厘清。

关于"什么是学科"的探讨，我国学者大多从两个视角进行梳理：一个是词源学的视角，即从诸如《辞海》等各种词典对"学科"的解释入手，在这个意义上，对"学科"的定义体现在两个层面，这便是"学问的分类"和"教学的科目"。另一个是对一些典型定义解析的视角，其中大家引用较多的有美国伯顿·克拉克在《高等教育新论》中的观点，他认为，学科包括两种含义：其一是作为一门知识的"学科"，其二是围绕这些"学科"而建立起来的组织。② 还有美国学者伊曼纽尔·沃勒斯坦在《知识的不确定性》中的观点，他认为，所谓的学科实质上同时涵盖了三个方面的内容：首先，学科是学术

① 邹巅. 关于森林文化学构建问题的探讨——兼与苏孝同、胡涌等商榷. 北京林业大学学报（社会科学版），2009，8(2)
② 陆军，宋筱平，陆叔云. 关于学科、学科建设等相关概念的讨论. 清华大学教育研究，2004，25(6)

范畴，即一种有明确研究领域的类型；其次，学科是组织结构，如大学以学科命名的系、学科的学位等；最后，学科还是文化。①

根据上述观点，我国研究者都表达了各自的观点。有人从学科与专业的分析比较入手，认为学科就是学问的分类，"一门独立学科的形成需要以下几个要素：一是研究的对象或研究的领域，即这门学科具有独特的、不可替代的研究对象，具有特殊的规律。二是理论体系，即形成特有的概念、原理、命题、规律，构成严密的逻辑系统。三是研究方法。"②有人将大学学科与一般意义上的学科做了区分，认为"大学学科是以知识分类为基础，以高深专门知识为学术活动的对象，承担大学职能的基本单元"③。有人认为，学科的含义至少应该包括七个方面，即一种知识体系、一种精神范畴、一种研究组织、一种教育与人才培养的单位、一种劳动分工的方式、一种交流的平台、一种社会管理的单元，并将这七个方面概括起来分为四大部分："第一，逻辑范畴和知识体系；第二，浸润其中的学科精神和学科制度、规范；第三，学科的具体社会组织；第四，更广泛意义上的学科的社会分工、管理、内部交流机制等。"④

从以上观点，以及我们无法全部引用的众多研究来看，研究者在研究学科的时候，似乎将学科的本质、内涵与学科得以建立的条件及学科的效用混在了一起。或者换句话说，把学科与学科建设混为一谈了。我们认为，学科建设是推动一门学科形成、发展、成熟的过程。按研究者们的观点，在这个过程中，主要内容包括构建学科体系、确定学科方向、完善学科组织、培养学生队伍、建设学科基地、建立学科制度等，其中最重要是培养学术队伍和建设学科基地。⑤ 可见，学科是学科建设的核心，学科建设则为

---

① 刘小强. 学科建设：元视角的考察. 广州：广东高等教育出版社，2011
② 谭荣波. "源"与"流"：学科、专业及其关系的辨析. 教育发展研究，2002，22(11)
③ 康兰. 关于大学学科和大学学科建设概念的思考. 科教文汇旬刊，2010(5)
④ 刘小强. 学科建设：元视角的考察. 广州：广东高等教育出版社，2011
⑤ 张云鹏，张爱霞，赵家妹. 学科建设与专业建设若干问题. 河北理工大学学报(社会科学版)，2009，9(1)

学科的建立与发展提供条件与养分。因此，在一门学科的建立与发展过程中，我们首先必须要厘清学科本身的内涵与性质，否则将会本末倒置。在这个意义上，我们将学科理解为一门对特定领域进行系统学术研究并形成自身对象体系、知识体系与方法体系的学问。而其他如学科组织、学科基地、学科制度、学科精神等则都是学科得以建立、发展与成熟的条件。

二、教师培训学科及其特点

根据以上分析，我们将教师培训学定义为以成人学习理论和教师成长规律为基础，以教师培训活动为研究对象，综合运用多种研究方法，探索教师培训规律的学科。这个定义明确了教师培训学作为一门学科的以下几个核心问题。

1. 对象体系

教师培训学以教师培训活动为研究对象。那么什么是教师培训呢？笔者认为，教师培训是针对教师的职业要求和角色定位，从专业知识、专业能力、专业情意、专业伦理等方面对即将担任或正在担任教师职务的人员进行的培养和训练。从这个意义上看，教师培训活动是一个复杂的系统，它包括培训主体、培训客体、培训内容、培训方式、培训评价、培训文化等一系列问题，且这些问题之间有着内在的逻辑结构。

2. 方法体系

教师培训学的研究方法应该是多元和综合的方法体系。在学科建立的初期，我们必须要走一个自下而上的研究路径，即通过文献分析、经验总结、访谈研讨等探寻长期培训实践中形成的规律，并对之进行理论的概括与提炼；但与此同时，我们还需要沿着自上而下的路径，站在认识论、方法论、知识论的角度，对学科的概念体系和逻辑结构进行深入的反思、推演，以建构系统的教师培训学知识体系。

3. 知识体系

教师培训学最终要揭示教师培训的规律，并使之形成一门学科体系。这就是说，教师培训学作为一门独立的学科，必须要有不同于其他学科的基本概念、基本原理，并有以这些概念与原理为话语单元的知识体系。因此，我们认为，以教师培训学特有的话语单元为基础而建立起来的知识体系，是学科得以真正建立的标志，也是当前这门学科建设的核心问题。

4. 理论基础

教师培训学应该是建立在广泛的理论基础之上的一门全新的学科。我们认为在众多理论中，成人学习理论和教师生涯发展研究成果是重要的理论基础，因为有效的教师培训一定要符合教师作为成人的学习特点与规律，要符合教师职业生涯发展的阶段特征，要符合适应教师职业标准的知识、能力与情意要求。

根据这样的理解，我们认为，当前的教师培训学具有以下三个基本的特点。

一是应然性。教师培训学是建立在广泛的教师培训实践基础之上的一门全新的学科，它有自己独立的研究对象，形成了大量总结教师培训经验、指导教师培训实践的研究成果，以教师培训某个领域为研究方向的硕士、博士研究论文在不断涌现，并且研究者队伍也在日益壮大，研究者之间的学术交流也越来越频繁。但是，从全球视野来看，以教师培训学为重点的研究还不多，学科体系还没有形成，同时也没有形成有规模的教师培训学的专业研究队伍和相应的专业期刊等学术交流平台。因此，从这个意义上讲，教师培训学仅仅具备了形成的条件，还没有达到完整建立的阶段。换言之，它只是一门应然学科，还没有达到实然学科的标准。

二是应用性。虽然教师培训学还处在应然学科的阶段，但其研究直接指向教师培训实践的目标将永远不会改变。因此，无论在发展的哪个阶段，它始终都是一门应用性学科，其目标始终都将指向推动教师的专业化发展。

三是元研究性。这是就当前的教师培训研究而言的。我们认为，教师培训学的研究不是简单的教师培训研究，而应该首先是对现有教师培训研究成果的研究，并在这样一种研究的基础上，对教师培训实践进行更加深层的剖析，进而逐步形成教师培训学自身的理论框架和知识体系。

三、教师培训学科的基本逻辑

如果我们把教师培训学比喻成一棵大树，那么学科的理论基础就是树根，学科的产生与发展都以此为起点；学科基本原理是树干，它将对本学科的基本概念、基本原理进行系统的建构；理论分支和实践分支两个部分则是树冠，在树干的基础上生长出来。这棵大树体现出四个方面的特征：一是整体性，即无论大树的哪个部分，或者说学科的哪个研究方向，都是紧密围绕其独特的研究对象——教师培训活动展开的，并且各个研究方向之间都有着内在的逻辑联系；二是有序性，即大树从树根到树冠，或者说从理论基础到分支学科，都是一个从抽象到具体的过程；三是联系性，即大树的成长需要从周边环境中充分吸收养分，并与周边的其他树木之间产生相互影响，换言之，它的成长与发展会不断受临近学科的影响；四是动态性，即学科的发展不是一个闭环结构，而是一个开放的系统，现有的研究领域需要有一个逐步成熟的过程，并且在这个过程中，还会随着培训实践的发展和临近学科的发展而产生许多新的研究方向或分支学科。①

1. 树根——理论基础

教师培训学的产生，有两大理论基础，其一是成人教育理论和成人学习理论，其二是教师生涯发展论。就前者而言，在过去将近一个世纪的时间跨度中，人们一直都在致力于探索如何帮助成人更加有效地学习，这些理论便是在这个过程中产生的研究成果。虽然这些成果还存在诸多不完备的，甚至也没有形成较统一的话语体系，正如美国学者雪伦·B. 梅里安所指出的那样："自从 20 世纪 20 年代成人教育学作为一个实践性的专业建立起来以后，成人如何学习这一核心问题就一直为这个领域的专家学者以及实践工作者所关注。但是 80 多年过去了，我们仍然没有形成统一的答案、理论和模型来解释我们所知道的关于成人学习的所有问题，比如成人学习者的特征、学习发生的各种不同场景和学习本身的过程等。我们现在所拥有的是一幅包含了成人学习知识基础的各种理论、模型、原则和解释的拼

---

① 颜泽贤，范冬萍，张华夏. 系统科学导论——复杂性探索. 北京：人民出版社，2006

图。"①但尽管如此，它们依然为教师培训学的研究奠定了必要的理论基础。因为这些在成人教育领域产生了重要影响的理论成果，如成人教育学关于成人学习者的五个重要假设、自我导向学习、质变学习理论、非正式和偶发学习等一些重要的成人学习理论对成人学习的本质与规律的把握，都会对我们理解和深入研究作为成人的教师的学习特点与教育规律产生积极的影响。后者则重在研究教师的职位特征、教师的角色及行为、教师的成长阶段及特征，以及教师在推动教育教学改革中的作用与地位。无疑，这是开展教师培训工作的重要依据，也是教师培训学建立与发展的直接依据。

2. 树干——概念体系

教师培训学原理是在成人教育理论和成人学习理论以及教师生涯发展论的基础上，依据教师学的研究成果，围绕教师培训问题的研究而建立起来的学科方向，其作用在于建构教师培训学的概念体系，并全面阐释教师培训学的学科结构。基于这样的总目标，该学科将重点探讨并阐明教师培训学的研究对象、研究方法、研究内容，同时讨论梳理教师培训研究的历史，以及站在培训视角应该建立的教师观、培训观等。总之，这是一个具有学科支柱意义的研究领域。

3. 树冠——研究领域

教师培训学的研究领域分为两个大的部分。

（1）基础研究。基础研究可以包括这样一些方向：教师培训哲学，主要从本体论和认识论等方面探讨教师培训，特别对培训观进行深入思考；教师培训心理学，主要探讨教师培训过程中，培训者、被培训者的心理特点，以及二者的相互关系，揭示影响教师培训的一些深层心理活动；教师培训文化学，主要探讨教师培训文化的结构因素，以及培训文化的建设路径等。

（2）实践研究。实践研究可以包括这样一些研究方向：教师培训课程论，主要探讨教师培训课程的开发、实施、评价与管理等方面的问题；教师培训模式论，主要探讨适应社会经济与科技发展要求的培训模式等方面

---

① 雪伦·B. 梅里安. 成人学习理论的新进展. 黄健等译. 北京：中国人民大学出版社，2006

的问题；教师培训评估论，主要探讨培训评估的标准、过程与方法等问题；教师培训管理学，主要探讨教师培训中的制度建设与管理规律等问题。

四、教师培训学科的体系建构

经过长期的探索，教师培训研究已经积累了从经验总结提炼走向理论建构的优势和基础，具体而言，体现在三个方面：一是人才基础，即我们的教师培训，经过一代又一代理论与实践工作者的艰苦努力，已形成了一支具有扎实的理论功底和丰富的培训实践经验的专家队伍；二是学术基础，即我们在长期研究的背景下，已形成了对建立教师培训学具有重要支撑作用的大量研究成果；三是实践基础，即我们在长期教师培训实践中积累的课程资源和教师资源。基于此，我们提出"教师培训学"的概念，并开展了以学科建设为基础的研究工作。

根据对教师培训学的基本认识，我们可以确定三个层面的六个研究方向，初步形成对教师培训学进行学科建设的逻辑结构体系(见图1-1)。

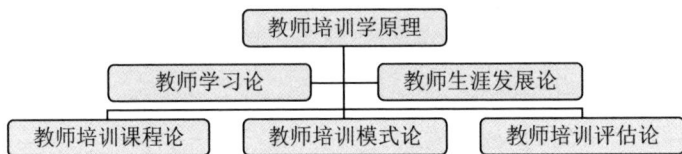

图1-1　教师培训学学科方向结构

我们所说的三个层面六个研究方向是：总论层面，以教师培训学原理为主要研究方向；基础层面，以教师学习论和教师生涯发展论为研究方向；实践层面，以教师培训课程论、教师培训模式论和教师培训评估论为研究方向。下面就这六个方向，从其在学科中的基本作用、研究的主要内容及我们前期的研究等方面做一些简要阐述。

1. 教师培训学原理

这是教师培训学的总论部分，主要解决学科体系问题。其主要内容由四个部分构成：①教师培训学的学科性质及研究对象、方法与内容等；②教师培训研究的历史；③我们的教师观与培训观；④教师培训专业化的基本问题。

在我们以往的研究中，虽然没有按照教师培训学的思路进行探索，但在这样的一个框架体系下，我们依然取得了一些对该方向研究有益的成果：一是关于培训专业化的体系建构，其中我们不仅讨论了其内涵与结构，还讨论了培训专业化背景下的教师观和培训观；二是对教师专业发展中的一些核心问题进行了研究，特别是促进教师专业发展的策略与途径；三是总结梳理了教师培训发展的一些简要情况。

2. 教师学习论

这是教师培训学的理论基础，主要解决教师学习的规律问题，其主要内容包括五个部分：①成人学习理论的前沿研究；②中小学教师学习的问题与现状分析；③教师学习的特点；④教师学习的方法与策略；⑤成人教育学的研究。

在这个方向上，我们的研究主要取得了这样几个方面的成果：一是学习策略的研究，我们对学习策略的内涵、结构、特点等进行了系统深入的探讨；二是问题学习与教学的研究，我们对建构主义背景下的学习问题进行了广泛研究，其中如基于问题的学习、情境学习等方面的研究都产生了一定的学术影响；三是提出了问题体验的概念，对其结构进行了实证研究，并全面论述了与之相关的一系列问题。这些研究都是我们深入研究教师学习问题的重要理论基础。

3. 教师生涯发展论

教师生涯发展论是教师培训学的理论基础，主要解决教师成长与发展的规律问题，其主要内容包括：①教师生涯发展的内涵与特点；②教师生涯发展的目标；③教师生涯发展的阶段与过程；④教师生涯发展规划。

学术界有大量的研究，对教师的发展阶段、成长规律等问题提出过一系列观点，但总体来看，这个方面还有待于系统深入的研究。

4. 教师培训课程论

这是教师培训学的实践研究领域之一，主要解决教师培训课程的开发、实施、评价与管理等方面的问题，主要内容有：①教师培训课程的基本理论问题，主要从课程论和知识论的角度阐述教师培训课程设计的思想、原则、类型等；②教师培训课程的现状与问题分析；③教师培训课程的开发标准与开发程序；④教师培训课程的组织实施与管理、评价。

在这个方向上，我们取得了一些成果，但在课程建设的深层问题上的研究还有所不足。

5. 教师培训模式论

这是教师培训学的实践研究领域之二，主要解决适应社会经济与科技发展要求的培训模式等方面的问题，主要内容有：①教师培训模式的基本理论问题，主要从教学论、教师学习原理及教师生涯发展理论的角度阐述教师培训模式的原则与方法等；②教师培训模式研究的现状与问题分析；③教师培训模式生成的理论模型与实践标准，主要阐述不同类型培训模式的操作程序与评价等问题。

我们在教师培训模式方面的研究成果较多，但总体来看，主要还是对每一个具体模式，如行动研究模式、"研修共同体"模式、主题式培训模式等在操作层面上的总结与建构，而对模式产生的原理及内在机制的研究还有待进一步深化。

6. 教师培训评估论

这是教师培训学的实践研究领域之三，主要解决培训评估的标准、过程与方法等问题，主要内容有：①教师培训评估的基本理论问题，主要从心理测量理论与教学评价原理的角度阐述教师培训评价的思路；②教师培训评估及其研究的现状与问题分析；③教师培训评估标准，主要从培训需求、培训目标、培训过程、培训成果等角度建立涉及培训全过程的评估标准；④教师培训评估的方法和程序。

我们在这个方面的研究主要探讨了这样一些问题：一是对培训需求从结构到具体实施的研究；二是培训评估体系的建构；三是培训评估指标的探索。

综上所述，虽然我们在教师培训方面已经取得了许多成果，也积累了丰富的经验，但就"教师培训学"的研究而言，才刚刚起步。作为一门严肃的学科，要正式建立起来并在培训实践与学术研究中产生应有的作用，我们依然面临着许多严峻的问题。这些问题主要体现在以下几个方面。

(1)培训经验与培训案例的关系。我们在大量的培训实践中积累了宝贵的培训经验，但尚未形成对教师培训学学科发挥重要支撑作用的培训案例。因此，将这些具体的做法或有一定理性思考的经验上升为学科案例，我们还需要做大量研究开发工作。

(2)理性思考与理论建构的关系。应该说，我们在教师培训方面不乏理性的思考，且许多思考对教师培训具有非常重要的指导作用，但不能说这些理性思考就是培训理论，从学科建设的角度讲，这些闪烁着理性光芒的研究尚未上升到科学理论的高度，也没有达到成就一门学科的水平。这是我们建立教师培训学面临的一个困境。

(3)研究人员与学科专家的关系。分析已有的教师培训研究文献可知，凡是参与过培训工作的人都会对培训有一些思考，进而提出一套想法，但仔细分析我们会发现，在这些有兴趣的培训研究者之中，涌现出既有理论功底又有实践经验的学科专家还需要时间。而这种专家型人才的不足，也是我们建立教师培训学的障碍。

五、教师培训学科的建设路线

教师培训学是一门新兴的学科，且是一门应然学科。因此，其建设过程需要将自下而上和自上而下两条路线结合起来。

1. 自下而上的路线

自下而上的路线是一个归纳式的路线，主要从多年来我国教师培训的实践经验和教师培训研究的成果进行分析归纳，以探索教师培训的基本规律。按照这个建设路线，我们将已有的教师培训研究概括为三个阶段：一是教师培训规律的研究，二是教师培训专业化的研究，三是教师培训学的建立与研究。这些研究为教师培训学的研究奠定了重要的实践与理性基础，形成了基本的研究框架。在这个路线上，我们认为应该主要抓好以下几个方面的研究。

一是培训实践经验的总结提炼。教师培训学的学科建设是实践先于学科的过程，因此，我们首先必须要从实践中汲取学科建设的养分，使学科能够深深植根于教师培训实践的土壤之中。

二是培训研究成果的系统梳理。多年来教师培训研究的成果是学科建设的重要理性基础。因此，我们在学科建设中，需要对已有的研究成果进行系统的元研究，使之构成教师培训学学科的基本理性框架，并在这个框架基础上进行深入的理论提升，以形成学科的基本概念与理论基础。

三是相近学科研究发展的经验借鉴。借鉴相近学科的研究方法与研究成果，如教育心理学、高等教育学、行为科学等，对上述两类成果进行系统梳理与提炼，使其形成具有教师培训学特点的概念体系与理论体系。

总之，在这个路线上，研究的主要目的是以理性解决实践中的问题为基础，并在此基础上，逐步形成学科理论体系。因此，自下而上的研究路线起步于实践问题，指向理论建设，是一个从具体到抽象的过程。

2. 自上而下的路线

自上而下的路线是进行学科建设的演绎式路线，可以从概念体系与理论体系的建构，走向对培训实践的诠释与指导。这样的建设路线可以使得学科建设从一开始就有一个基本规范，并能在一定的逻辑中发展。这个路线可以从两个方面着手。

一是体系建构。即从学科建设的基本逻辑入手，建立符合学科要求的概念与理论体系。比如，上述建构的学科结构体系就是在我们前期研究的基础上，超越实践应用而建构的一个教师培训学的理想体系。我们希望在前期对实践问题研究的基础上，换位于全面的学科体系建构，其中包括概念体系、方法体系和理论体系的建构，并在这样一个逻辑框架的基础上，重新审视我们的教师培训实践，完成一个从抽象到具体的过程，从而形成一个更加符合学科规范的研究体系，进而推动学科更好地为教师培训实践服务，并尽快从应然走向实然。

二是模型建构。即在学科体系的框架内，建立众多指向实践的理论模型，如课程建设模型、培训模式建构模型、培训评价模型、培训者胜任模型等，使我们的学科能直接为培训实践提供有益的理论指导。

总之，自上而下的学科建设路线是一个从理论到实践的过程，有助于学科建设更加规范，更加符合逻辑要求。但是，对于教师培训学这样一门全新的、正在形成中的学科而言，走自下而上或自上而下的单一研究路线，都会使学科建设偏离科学轨道。因为单纯的自下而上建设路线会使学科囿于具体实践，而陷入产生诸多工作"处方"的状况；而单纯的自上而下建设路线，则会使学科建设脱离实践，成为空洞的理论建构。因此，我们在教师培训学学科建设中，会更加倾向于两个建设路线的有机结合。

第二章　教师培训的"场域"视角

教师培训是发生在特定环境中的教育活动，其中既有培训者与被培训者的互动，也有双方与环境的互动。这样的培训场符合勒温"场"论的思想和逻辑，参与其中的每个人的行为都是与环境互动的结果，用勒温的经典公式表达，就是 $B=f(PE)$。因此，本章从"场域"视角，对教师培训基地、培训者和被培训者及其关系做一些剖析。

第一节　教师培训的基地建设

教师培训基地建设是一个系统工程，既包括环境、条件、设施等硬件，也包括师资、课程资源等软件。对此，我们可以从专业化、综合化、现代化的角度入手进行系统思考。

一、"专业"特质的体现

首先是基地建设的专业化问题，这便是将教师培训基地建设成为专门从事教师在职培训的、促进教师专业发展的教育场地。从这个意义上讲，培训基地建设必须要符合"专业"的标准和要求。

根据利伯曼的观点，"专业"应当满足如下八个基本条件：（1）范围明确，垄断地从事于社会不可缺少的工作；（2）运用高度的理智性技术；（3）需要长期的专业教育；（4）从事者无论个人、集体均具有广泛的自律性；

(5)专业的自律性范围内,直接负有做出判断、采取行为的责任;(6)非营利,以服务为动机;(7)形成了综合性的自治组织;(8)拥有应用方式具体化的伦理纲领。我国台湾学者曾荣光也提出了专业的七个核心特质:一套有学术地位的理论系统、一套与理论系统相适应的专业技术、理论与技术的效能获得证实与认可、专业知识具有不可或缺的社会功能、专业人员服务具有忘我主义、专业人员具备客观的服务态度、专业人员的服务公正不偏。① 我国许多研究者也从不同的角度,提出了"专业"所具有的不同特点。基于这些观点,我们认为,教师培训基地的专业化,从操作层面上讲,至少要在课程、队伍、培训模式等方面符合"专业"的基本精神。

1. 体现现代教师和教师专业发展要求的课程体系

课程建设是学术界研究最多的领域之一。因为课程是学校的基础,也是充分体现学校专业化水准的重要内容。从教师和教师在职培训的要求来看,目前虽然尚没有形成成熟的培训课程设计理论和模式,但国内外的研究者和培训实践者都在致力于探索与教师、教师专业发展要求相适应的课程体系。比如,有研究者依据泰勒的目标导向课程模式,将国外的培训课程概括为四种模式,分别是活动中心型课程、目标指向型课程、实验学习型课程、研究中心型课程。② 他们认为这些课程内容不拘于形式,不追求完整的理论体系,以菜单式、选择式的课程为主,体现了较强的针对性、实用性。这样的课程建设思路和模式,正在全国教师培训领域进行着广泛的探索。

基于已有的研究和实践,我们认为,在培训课程的建设方面,第一要充分研究国际培训课程研发的趋势;第二要深入研究我国教师专业发展的特点;第三要具体研究地方教师的现状、需求,以及当地教育发展战略对教师提出的新要求。培训基地课程体系的建设要摆脱高等师范院校课程的

---

① 曾荣光. 教学专业与教师专业化:一个社会学的阐释. 香港中文大学教育学报,1984(1)

② 栾学东. 中小学校长培训课程的设计及其策略. 首都师范大学学报(社会科学版),2003(6)

影响，在内容上，重点突出课程的前沿性、综合性和实用性；在结构上，淡化完整性和系统性，强化专题性和问题性。为此，我们认为，可以从如下几个方面来探索培训基地的课程体系建设。

（1）通识型课程。

通识型课程以把握形势、掌握政策、更新知识、提升文化素养为目的，重在帮助教师始终走在时代最前沿，始终能够按照社会发展的要求开展教育教学工作。

（2）专题型课程。

专题型课程以学校教育教学中的核心问题为主题，重点体现培训机构教师的研究成果，形成由某领域的研究专家领衔的培训专题。这类课程应该以专题为主线，同时辅之以与专题密切相关的知识与技能训练。

（3）问题型课程。

问题型课程针对教师在教育教学管理中遇到的实际问题，形成以问题研究和解决为主的培训课程。这类课程重在形成个性化的问题解决方案，或者应该是以案例为导向的课程。

（4）活动型课程。

活动型课程旨在开阔视野、拓展思维、调节自我，使教师能始终保持积极向上的心态。这类课程大体应该包括两大类，一是以参观、考察、观摩等为主的交流型课程，二是以拓展训练和励志教育等为主的训练型课程。

2. 能胜任现代教师培训要求的师资队伍

课程是基础，队伍是核心。没有优秀的师资队伍，再好的课程都只能是纸上谈兵。但是作为从事教师在职教育、促进教师专业发展的培训者，培训基地的师资队伍应该具备以下特点。

（1）熟悉并深刻理解中小学教育教学的实际情况。

培训工作不同于普通高校的教学工作，无论我们的课程设置是什么样子，也不管我们采用什么样的培训方式，着眼点都必须是中小学的具体实践。也就是说，我们的培训主题应该来源于实践又要高于实践，我们的培训方法应该贴近于教师又要对教师具有提升作用。在这个意义上，培训者必须走进中小学，将自己的专业知识深深地植根于中小学的教育教学实践之中，将理论知识与学校实践密切结合起来，使自己成为理论与实践的结合者或融通者。因为只有这样我们才有资格站在教师培训的"舞台"上，也才有能力塑造出名教师。培训基地的教师应该是有着深厚理论基础的实践家，或者是有着丰富实践经验的理论家。

（2）具备深厚的专业基础、突出的研究专长和广博的文化素养。

培训者已不是传统意义上的教师，更不同于普通院校的教师，而应该是研究者、实践者和引导者。因此，培训者首先必须接受过系统的专业训练，具备深厚的专业知识与娴熟的专业技能，并能把握本专业发展的前沿领域；同时还应该在所学专业的一定领域有自己独到的研究，甚至在学术圈中有自己的话语权，当然这种专业特长不是某个基础研究领域的深入钻研，而是与中小学教育教学实践相关的专业特长。对于培训者而言，仅具有专业特长还不够，还应该具有广博的知识和深厚的文化积淀，能够站在社会、经济、文化的高度去理解中小学教育的本质，才能引领和把握好有着丰富实践经验的教师和教师培训工作。

（3）掌握熟练的教育科学研究方法，并能独立开展基于中小学实践的课题研究，同时能指导中小学教师开展教科研工作。

从我们的教育对象而言，我们的工作与其说是培训，毋宁说是研修。因为我们是在培训者与被培训者组成的学习共同体中，通过共同研究、共同学习，最终达到共同提高的目的。因此，培训者要起到引领研修工作的作用，首先必须是一个优秀的研究者，即要有发现问题的敏感性、思考问题的深刻性、解决问题的策略性，特别是要能够熟练运用行动研究的方法，帮助被培训者并与他们一起走进中小学实践，发现、探索、解决教师面临的实际问题，提高他们教育教学的水平。

（4）具有较强的组织管理能力和资源整合能力。

培训工作不同于一般意义上的教学工作，教师不是简单地完成一门课程的系统教学，而是要在一个讲座、一次训练或一次研讨中，充分整合理论与实践的信息资源，达到提高被培训者某方面水平的目的，所以培训工作对培训者的资源整合能力和知识的融会贯通能力有着很高的要求。由于培训对象的知识背景和学习特点与普通大学生不同，所以，对培训者的课堂组织能力要求也更高。但是，对于培训基地的教师而言，更重要的不是一次专题的组织管理能力和资源整合能力，而是对一个培训项目的全程策划、组织及专家资源和信息资源的整合。在这个意义上讲，培训者不仅应该是培训师，还应该是培训工作的策划者和组织者。

（5）能够为教师提供中小学教育教学问题的咨询指导。

这是对培训者更高的要求，是培训机构培训工作的延伸服务或增值服务，也是培训基地能否与中小学密切联系的重要环节。对教师的咨询指导涉及非常广泛的领域，涉及校本教研、课堂教学、心理健康指导和班主任等方方面面的工作。但这种广泛的中小学实际问题的咨询指导不是由培训者个体实现的，而是要求培训基地的队伍建设既要提高个体的实力，更要注重团队的结构性布局与提高整体力量。因此，培训机构师资队伍的建设应该坚持点面结合的原则，既要造就一批具有较高知名度和社会影响力的专家，更要打造一支专家领衔、结构合理的培训者团队。

3. 符合在职教育特点的培训模式

培训模式是体现专业化水平的另一个重要环节。根据教师在职学习的特点，我们在培训模式上必须要有新的突破：从培训的组织形式上讲，培训者要与被培训者形成研究、学习、实践三位一体的研修共同体，培训者要走进教师的工作实践，在实践中共同开展研究，在研究中共同学习，并最终达到共同提高的目的。从培训的层次上讲，要形成普通研修、高级研修、国际研修、名家研修为主体工程的培训层级，并形成不同层次培训的研修规范、队伍配备和评估标准。从培训内容上讲，培训主题必须来源于教师的教育教学实际，并经培训者的指导、提升，使其源于实践又高于实践。从培训的手段上讲，要更加多元化，对知识的学习应该更多地采用自学指导与信息化手段；对问题解决方法与策略的提高则要更多地采用研究性学习的方式。

简言之，我们的培训模式应该是通过多元化的手段，以学校教育教学实践中的实际问题为切入点，以教师和培训者的共同提高为目标，最终达到受训者所在学校教育教学质量全面提高的目的，并进而全面提高各级各类学校的办学水平。

二、基于资源整合的综合服务体系

从培训基地的资源整合和服务能力来讲，我们更加注重其综合化水平。综合化意味着我们的培训基地能够为中小学教师的学习提高提供具有专业水准的全方位服务。在这个意义上讲，培训机构应该具备以下几个方面的能力。

1. 人才资源整合能力

人才资源是教育乃至整个社会发展的第一资源，作为一个专业化的教师培训基地，最核心的工作就是整合社会优秀的人才资源，为培训工作提供第一支持力。

首先，要整合培训者人才资源。要满足高水平的教师培训工作，完全靠培训机构专职的培训者队伍远远不够，还应该广泛吸纳与中小学教育、教学相关的研究专家和实践专家为我所用，形成以培训机构专家级培训者领衔、优秀培训者参与、国内知名专家为重要补充的培训者团队。队伍建设应该是更加宽泛的概念，一方面要培育自己的专职队伍，另一方面要建立调动外部优秀专家资源的机制，建立以专职队伍为核心、兼职队伍为辅助的强大的培训者人才库。建立外部专家资源的形式可以不拘一格，如可以采用名誉教授、名誉研究员的方式，"工作室"的形式，还可以推出以专家及其研究特长为主题的中小学教师教育论坛，或采用社会上流行的会员制、俱乐部、联谊会等形式来凝聚各类专家。

其次，要整合中小学教师队伍资源，形成校际的帮扶关系，以及优秀教师与成长中的教师之间的师徒关系。在这种校际交流与师徒关系的形成中，我们可以借助各级政府的相关政策，使中小学教师形成一个为我所用的强大的"人才场"，并使之成为建立研修共同体和促进培训者成长的实践基地的基础。

最后，要建立以各级政府师干训行政管理机构与区县培训机构的重要成员为主体的强势人才资源系统。这是有效促进或推动培训工作的重要力量，培训基地应该建立与他们对话交流的长效机制，如定期汇报交流、地方培训需求调研、政府级的培训论坛等。这个资源系统的建立，可以帮助我们更好地把握培训工作的走势，增强培训工作的针对性，提高培训工作的有效性。

2. 信息资源整合能力

作为信息化社会的教师培训基地，信息整合能力同样是必备的基本能力之一。

首先，图书资料建设应该以国内外教师专业发展及培训的图书资料为核心，形成满足培训需求并能为当地中小学教师服务的图书资料中心。

其次，要尽快建立与国内知名师范院校、国家图书馆、地方图书馆和著名网络教育信息中心联网的信息网络资源中心，形成为中小学教育教学的研究、实践与培训工作服务的高效、便捷的强势信息平台。

最后，要建立地方中小学办学信息资源中心，形成以当地中小学的办学特色、队伍状况、生源状况为主要内容的资源库，为更有针对性地开展培训提供服务。

3. 诊断咨询服务能力

将培训机构建成专业化的教师培训基地，自然有能力，也有义务为中小学提供专业的诊断和咨询服务，此项工作也应该是基地的重要职能之一。为此，培训机构应该开发专业的适合中小学教师职业特点的人才测评体系，研制适应中小学教育教学要求的诊断系统，建立能胜任中小学诊断咨询工作的专家队伍，以使培训基地不仅能开展卓有成效的培训工作，也能为广大教师提供培训后或培训之外的咨询服务。

三、现代化的办学环境

教育现代化是现代教育发展的核心主题之一。研究者从不同角度对现代化的内涵和特征进行了大量的研究，更多的人认为，从我国教育发展的现状来看，离现代化还有较大的距离，还需要全社会的共同努力。我们提出建立现代化的教师培训基地的目标，无疑是符合时代要求的，也是颇具远见的，也意味着我们要在教育现代化的道路上付出更大的努力。那么培训机构的现代化应该从哪些方面得到体现呢？

1. 观念现代化

顾明远先生认为，教育现代化的显著特征表现在教育的民主性和公平性、终身性和全时空性、生产性和社会性、个性性和创造性。① 还有研究者提出中国教育现代化具有时间的后起性、理论的科学性、目标的系统性、动力的内源性和发展的可持续性。② 这些特征无论相互之间有什么样的差异，首先体现为观念的现代化。一个现代化的教师培训基地，应该以人的全面发展为核心的新型教育观为指导，从以下几个方面体现观念的现代化。

一是育人观。教育现代化的核心在于学校能培养出什么样的人才。因此，教师培训机构的目标不仅是要全面提高各级各类学校教师的整体水平，更重要的是要培养出一大批教育教学的名家。从育人观来讲，需要通过塑魂、育智、授术，让每一位教师成长为适应教育现代化需要的、具有教育家风范的优秀人才。

二是用人观。我们始终将人才作为学校发展的第一生产力。作为基地建设的核心竞争力，在人才队伍的建设上，我们既要树立"以德为先"的用人观，更要树立"以能为本、德才兼备"的人才观。为此，一方面，培训机构应该加大投入力度，建立符合现代社会用人规范的人才引进、培养、激励机制；另一方面，要为人才的成长与发展搭建广阔的事业平台，提供充分的精神与物质保障，并在此基础上，建立人才合理、有序流动的机制。

三是市场观。作为从事教师培训的专业机构，其生存之本是以中小学为主体的学校系统，离开了这些学校，培训机构就失去了存在的基础，也失去了存在的价值。因此，决定培训机构生存的根本，就是能否很好地根据各级各类学校发展的需要提供有针对性的教育服务。从目前的形势来看，能为中小学提供教育服务并有能力承担教师培训任务的，远不止培训机构，

---

① 顾明远. 试论教育现代化的基本特征. 教育研究，2012(9)

② 尹宗利. 试论中国教育现代化的基本特征. 南京师大学报(社会科学版). 2009
(6)

除了普通高等师范院校以及北大、清华这样的综合院校正在积极分割这个市场之外，一些民办教育机构也在寻求不同的渠道进入这个市场。面对这种严峻的形势，每一个培训机构都面临着巨大的挑战和生存危机。因此，形势要求培训机构必须要彻底摆脱"铁饭碗"的思想，树立市场竞争的观念，在内涵发展的基础上打造自己的品牌形象，利用现在还具有的政府优势迅速占据教师培训的主流市场。否则，培训机构再好的想法、再好的定位都将会在残酷的市场竞争中化为泡影。

四是服务观。提高办学实力是培训机构发展的根本，但要提高其市场竞争力，还必须树立并强化全员服务意识，提高服务水平。从教师培训基地的角度而言，服务至少包含两个层面的内涵：一是按照中小学教师的需求提供专业权威的培训、咨询、信息等业务服务；二是理顺办事程序、提高办事效率，树立部门之间、个人之间相互服务的意识，为有效提高培训效率提供体制保障。

2. 条件现代化

培训基地办学条件的现代化至少体现在以下四个方面。

一是教学条件现代化。教师培训项目最突出的特点是短、平、快，培训形式多样化，并与中小学的教育教学实践直接接轨。因此，培训机构在教学设施的配备上，第一要能与中小学的教学要求配套，比如中小学普遍都在运用网络、多媒体，甚至更先进的手段进行教学，培训机构也应该具备相应的条件；第二要与教学手段发展的国际潮流对接，至少要建立具有国际水平的教学设施示范教室；第三要建立远程网络教育平台，积极推进混合式培训模式。

二是科研条件现代化。第一要加大投入，尽快建立满足广大教师科研要求的信息资源库，如更新、完善与教师专业发展和培训相关的中外文图书资料，建立便捷的国内外教育专业文献查询平台等；第二要建立满足教师专业发展需要的实验室或训练室，既为培训服务，也为科研服务。

三是工作条件现代化。为了提高各项工作的效率，培训机构应该全面建立网络办公管理系统，全面推行无纸化办公；同时还应该建立高效、有序的信息交流系统，保障与内外部实现无障碍信息资讯交换与联络。

四是生活条件现代化。充分利用社会服务系统，改善教职工的生活条件。第一，要建立为全体教职工服务的住房保障机制，使全员无论资历高低都能安居，如与社会金融机构联合建立教职工住房保证基金系统，为教职工信贷购房提供必要的支持。第二，要建立更加方便的交通服务系统，为教职工上下班、深入一线或日常出行提供更加人性化的服务。第三，要通过必要的市场化手段提高全员的生活待遇。

3. 体制现代化

体制是培训基地所有功能最终得以实现的重要保障。我们应该研究现代学校制度变革的特点和规律，建立适应新型学校制度的管理体制。应该探索从经验型、行政型、科学型管理模式，向研究型管理模式的转变，基于对培训机构实际问题及发展过程中面临的问题的研究，从事实、价值、规范和可行性等方面建立科学的决策机制；进一步提升高层决策团队的领导力和号召力，形成全员共同奋斗的愿景，建立实现愿景的激励机制，使培训机构的发展与个人的成长密切结合起来；进一步加强职能机构的工作执行力，制定培训项目的评估体系，建立校内外专家组成的培训效能评估委员会，对培训项目进行必要的跟踪和及时评估；进一步加强机构人力资源和办学设施资源的统筹调配能力，建立以培训主题为中心的人才和设施配给机制。

总之，建立一个专业化、综合化、现代化的教师培训基地，是一个有机的系统，其中专业化是目标、综合化是手段、现代化是基础，即培训机构只有在全面推进教育现代化的基础上，充分发挥自身的资源整合优势，才能建成具有较高专业水平的教师培训基地，才能在地方教师培训中发挥示范与引领作用。这样一个目标的实现是一个庞大的系统工程，需要充分发挥广大教职工的智慧，深入研究、科学规划、认真实践，才能最终建成教师向往、政府信任、社会认可的中小学教师培训基地。

第二节　教师培训者的素养与特质

总结我国中小学教师培训的经验，基于现代教育发展对教师培训提出的新要求，我们对教师培训者形成了一些基本的认识。

一、培训者的多重角色

教师培训能否走上专业化的道路，关键在于是否有一批符合培训要求的培训者。我们认为，培训者应该扮演四种角色。

1. 设计者

从设计者的角度而言，培训者要能够对培训的全过程及各个环节进行整体策划与系统设计，具体来讲，要会设计培训需求的调研与分析方案、项目实施方案、课程设置方案、培训重要环节指导方案、成果研究与形成方案等。在这个意义上，我们认为，培训者至少应该具备三个核心特质：一是逻辑性，即培训者从需求分析、方案设计、课程设置、活动安排、成果形式，到培训的组织、指导及培训的后续延伸等，都要根据现有的时间、地点、资源等条件做出系统的安排，做到紧密围绕培训目的，内容之间环环相扣，并且要特别考虑每项安排的可操作性；二是统筹性，即培训者要以开阔的视野整合优质专家资源和各种学习资源，并能够协调各种工作关系，合理使用经费，为项目的有效实施建立良好的环境；三是创新性，即要不断创新培训内容、培训形式、培训方法等，让培训工作始终保持生机与活力。

2. 引导者

引导者是说培训者在整个培训过程中，不是单纯的教师，也不是纯粹的组织者，而是培训过程的引导者和培训智慧的激发者。就是说，培训者要能带领教师积极主动地参与培训的每一个环节，并努力达到每一个环节的预期目的。

站在引导者的角度来看，一个培训者应该关注这样几个方面的因素：

一是应向教师有效解读培训设计的思想及每个环节的设计意图，使教师能够充分理解并产生积极参加的愿望；二是应以平等的心态与教师共同参加培训的每一项活动，并与教师们一起分享培训感悟，积极将每项活动都引导到培训设计的轨道上；三是引导教师将培训内容、方法、成果等转化为工作智慧。

3. 指导者

指导者，即培训者要充分发挥自己的专业优势，对教师在培训中及教育教学中遇到的问题提供专业支持。因此，从指导者的角度来讲，一个培训者，第一必须要有良好的专业背景，有自己的研究专长，且熟悉中小学实践；第二要有不断学习的愿望，因为培训者始终都面临着来自教师和中小学教育教学实践问题的挑战，只有不断坚持学习，才能适应培训需要；第三要有强烈的问题意识，即培训者要学会批判性地思考问题，要有善于发现问题的敏感性；第四要有务实的研究态度，培训者只有坚持不懈地走学术研究之路，才能不断提高自身的培训水平。

4. 研究者

现行的教师培训已不是培训者与教师之间简单的教与学的过程，而是双方共同研究教育教学相关问题的过程。因此，培训者必须是一个有一定学术基础及研究能力的研究者，具体表现在：第一，研究的问题应更多关注应用性或实践性，即培训者研究的问题应该源于教师在教育教学实践中的困惑；第二，研究的目的必须坚持实践取向，要能够服务于教育教学实践，并促进教师的发展；第三，研究的方式更多采用行动研究的方法，即培训者要作为中小学教育教学实践的行动者或准行动者进行实践问题的研究，要在自己与教师形成的研修共同体深入学校教育教学的行动中开展研究，要为推动中小学教育教学的行动或提高教师培训水平的行动而研究。

当然，以上我们所说的培训者要扮演的多种角色，在今天这样一个关注合作、关注共赢的社会背景下，并非指每一个培训者都要扮演好这一系列角色，而是指一个培训者团队要由能扮演好不同角色的成员构成，因此，我们应该关注分布式培训角色的形成。

二、培训者的基本素养

一个培训者要扮演好这些角色，必须要具备多方面的基本素养，具体表现在如下几个方面。

1. 知识结构

从知识结构来看，一个能够扮演好以上角色、胜任教师培训工作的培训者应该具备四个方面的知识基础：一是政策性知识，即要熟悉国家和地区与基础教育相关的各种政策、措施和要求，这类知识决定着培训者的眼界和胸怀。二是规则性知识，即要熟悉国家和地方有关基础教育特别是教师教育的法规和制度，还要特别熟悉本培训机构关于教师培训的各项制度和规定，并提高规则意识，加强规则的执行力度。三是专业性知识，即培训者既要有宽广的基础教育专业知识，更要在中小学教育教学领域有与实践紧密结合的研究专长，并形成自己的专业优势，正如奥格瓦等人所说的那样："专业人员之所以是专业人员就在于他们拥有专业知识并依靠专业知识从事专业活动。"①四是实践性知识，这类知识是培训者置身于中小学教育教学实践，经过较长时间的积累而形成的带有浓厚个人特点的知识或经验，它既有源于实践场的生动与感性，又有高于实践、超越感性的理论建构或理论提升。

2. 思维方式与水平

一个培训者具备系统的知识基础并不意味着就能灵活运用、开拓创新，其实，决定知识运用水平和培训创新能力的是思维方式与水平。就教师培训而言，我们认为，培训者应该特别从三个方面提高自己的思维水平。

一是系统性。从思维系统性的角度，培训者需要对教师培训进行三个层次的思考。第一是观念层次，即要对教师及其培训有自己的认识与理解，并建立自己的教师观与培训观；第二是实践层次，即要把教师与培训植根于学校实践场，从教师与学校共同发展的关系中去构建培训体系，且要考虑到培训内容需源于实践又高于实践；第三是工具层次，即培训者要立足

---

① 褚宏启. 校长专业化的知识基础. 教育理论与实践，2003(12)

于培训目标去形成或采用相适应的培训策略与方法，并使教师在培训中获得办学的灵感，以充分发挥培训的工具价值。

二是建构性。思维的建构性要求培训者从教师知识系统的角度，思考如何设计培训内容才能够通过同化、顺应等过程更新和优化教师的知识结构；从教师动机系统的角度，思考如何激发其积极主动成长的动机或内部动力；从教师策略系统的角度，思考如何通过培训探寻适于促进其专业发展的策略与途径。

三是反思性。培训过程其实是一个不断反思的过程。因此，一个培训者能否在培训中不断成长进步，也取决于其反思的水平。根据杜威的观点，反思是"对于任何信念或假设性的知识，按其所依据的基础和进一步结论而进行的主动的、持续的和周密的思考"①。在这个意义上，培训者对整个培训过程进行主动的、持续的、周密的思考，是有效提高培训水平，使培训真正走上专业化轨道的思维基础。

3. 执行行动

培训者的知识水平和思维水平最终都要通过其行动得到具体体现。培训者的行动水平具体体现在行动意识、行动程序、行动能力三个层面。

行动意识是说培训者从培训过程到培训内容的整体设计，都要充分考虑其可操作性，要考虑能否充分调动参训教师的积极性，使他们自觉自愿地参与到有效学习的过程之中。因此，培训者在培训全程，都需要在两个方面有明确的意识：其一是培训各环节的设计要符合教师群体的特点和规律，能够激发教师学习的兴趣和愿望；其二是培训课程及培训的各项活动要关注是否会对教师的教育教学行动有所触动。

行动程序是说培训的每一个环节或板块都要有具体的操作程序或步骤，这样的程序既要符合培训内容的要求，也要符合培训者和教师组成的研修共同体学习研究的特点。因此，培训者在行动程序的设计中，一要充分考虑培训内容之间的衔接，做到内容之间的过渡要自然、顺畅；二要充分考

---

① 约翰·杜威. 我们怎样思维：经验与教育. 姜文闵译. 北京：人民教育出版社，2005

虑每一个步骤的必要性和可操作性，做到一项内容实施的各个步骤要简洁、明了。

行动能力是培训者执行行动的关键，它要求培训者要能够具体实施培训的每一个环节，并达到预期的目的，取得预期的效果。其实，行动能力贯穿于项目设计、实施、总结、延续的各个阶段，体现着培训者对项目的策划设计能力、组织管理能力、研究指导能力、总结提升能力、促进培训成果的转化运用能力等。

三、培训者的成长策略

培训者应该紧密围绕其角色与素养，在培训实践中，不断加强学习，以达到专业提升的目的。一个培训者应该从以下三个方面促进自身的成长与发展。

1. 以研究促成长

在多种角色中，培训者首先应该扮演好的角色是研究者。根据我们的培训体会，我们深感，强化培训需求的调查研究、培训主题的学术研究和培训特点及规律本身的理性研究是提高培训者专业化水平的三个重要途径。

(1)培训需求的调研分析。

培训需求的调研，一可以加强培训的针对性，二可以强化培训者的研究意识。我们认为，教师培训需求应该从政策、学校、个体三个层面进行分析。

政策层面的需求我们也可称之为普遍性需求，主要是从国家和地方教育政策的角度来看中小学教师的培训，这是教师教育教学过程中具有共同性的需求，也是确保教育教学正确方向的内容。在做需求分析与研究时，培训者应该清晰把握不同类型学校、不同层次教师对政策理解和把握的情况。

学校层面的需求主要是从学校的类型、学校所处的地域等方面进行分析与研究，因此，我们又可称之为同质性需求。这类需求至少应该从城乡、中小学两个维度进行调研与分析，这样我们就可以分析出同类型、同性质学校教育教学存在的共同性问题，以生成对教师进行培训的、适合学校发展要求的培训内容。

个体层面的需求即教师个人专业成长的需求，我们可称之为个性化需求。在这个层面，一要分析教师知识系统的现有基础及需要补充或更新的内容；二要分析教师成长的需要与动机，明确把握其内部动力和外部动力；三要分析促进教师有效发展的途径与策略，或专业自主发展的有效方式。

（2）培训主题的确定与研究。

当前的教师培训已经不再是知识更新或能力补偿性的培训，而是以教育教学改革发展的中心问题或中小学教育教学实践中的具体问题为核心内容的主题式培训或专题式培训。

这种变化向培训者提出了更高的要求，首先要求培训者能够从需求调研与分析中确定可行有效的培训主题。其次要求培训者必须对主题进行系统的学术梳理，特别要与自己的研究专长有机结合，以达到自己能够驾驭并有效推动主题研修的目的。当然，我们强调培训过程中的主题研究，并不是要把培训做成课题研究，而是要求培训者与教师共同学习、共同研究、共同实践，真正做到以研带训、以训促研、研训一体。

（3）培训专业化的特点与规律的研究。

走培训专业化之路，培训者需要研究这样几个方面的问题。

第一要研究培训对象的特点及与之相适应的培训规律，并建立自己的培训观。培训观是一个培训者应该追求的培训理想或境界，其中涉及培训者对培训的性质、培训的对象、培训的特点、培训的规律等一系列问题清晰、明确的把握和理解。

第二要研究培训课程的开发与设置，并建立自己的培训课程观。课程是教师培训的核心，也是实现培训目标的载体。但教师培训的课程又不同于学科课程，它有自己的形态与特点。从表现形态上看，它应该是菜单式的专题性课程，即每个课程菜单由相互关联的不同模块构成，每个模块又由围绕该模块核心内容的不同专题构成。从课程的特点来看，它的一个特点是问题性，即每个专题都指向当前学校教育教学中的重点难点问题；另一个特点是综合性，即培训课程超越了特定的学科，是多学科沟通与融合的结果，因此，它具有较强的跨学科性或综合性；还有一个特点是可操作性，即每个专题都必须从实践问题入手，经过理论阐释与提升，最终还要回归于实践，对教师既要有理论水平上的点化，更要有操作层面上的启示。

第三要研究培训模式。研究者们对培训模式有各种不同的观点。我们认为，培训模式是围绕培训目标形成的由培训主题、培训内容、培训方式、培训程序、培训结果等因素有机构成的结构化、程序化了的培训体系。它的特点一是为特定的培训目标服务，二是各要素构成了有机的系统，三是在培训中具有可复制性。

2. 在实践中锻炼成长

培训者深入实践的方式多种多样，我们深切地体会到，比较有效的方式包括这样几种：一是挂职锻炼。即培训者围绕一定的实践主题，用一学期或更长的时间到中小学承担一定的教育教学任务或工作任务，并及时对挂职锻炼的所见所闻、所感所悟进行不断的总结、反思。二是校际互访。这是在培训过程中，培训者与教师围绕一定主题共同走访教师所在学校或优质学校，并深入课堂，在短时间内快速、高效了解学校的方式之一。三是合作研究。即培训者与教师形成研究共同体，通过行动研究的方式，联合开展以教育教学实践问题为主的课题研究。

3. 在反思中成长进步

反思是促进培训者自我成长的有效方式。我们认为，培训者应该从反思习惯和反思方法两个方面关注自己在培训中的反思。

首先，要养成反思的习惯。从反思习惯的角度来讲，培训者一要学会经常性地深入思考一个问题并努力揭示其本质，即要多问自己"为什么"；二要学会"吾日三省吾身"，即每个环节的活动结束后都要及时总结反思，要多问自己"怎么样"；三要培养"以终为始"的思考习惯，即始终围绕培训目标去审视培训的每一个环节，要多问自己"会怎样"。

其次，要掌握反思的方法。培训者只有通过反思的具体方法才能逐步养成反思的习惯，具体而言，一要学会记反思日记，及时记录自己在每个培训环节中的感悟与思考，以便适时对培训过程做出调整，或对教师进行必要的引导；二要学会做自评总结，一个培训项目结束后，其效果如何？获得了哪些成功的经验或失败的教训？发现了什么样的规律？围绕这一系列问题，培训者要通过反思对整个培训过程进行总结提炼。

培训者作为教师培训活动的组织实施者，其个人乃至团队的专业成长，是影响培训成败的直接因素，而培训者的专业成长又受制于诸如组织环境、地域经济文化条件等各种因素的影响。但不管从组织层面，还是从个体层面，我们都必须认识到，只有全力推进培训者的专业化进程，才能有效促进培训的专业化进程。

第三节　教师研修共同体的建构

我国的中小学教师培训，经过近 30 年的发展，在培训模式上已经从"教与学"的"学院型"模式走向了以培训者与被培训者共同研究、共同学习、共同成长的"研修共同体"为基础的生态型模式，形成了培训者为主导、被培训者为主体的共同发展关系。

一、"研修共同体"的内涵与特点

"共同休"是一个社会学概念，源于英义的 Community，中文也译为"社区"，其词义可解释为：①在一个地区内共同生活的有组织的人群；②有共同目标和共同利害关系的人组成的社会团体。1887 年滕尼斯将"共同体"概念引入社会学领域，用来表示任何基于协作关系的有机组织形式，并特别强调人与人之间的紧密关系、共同的精神意识及对"共同体"的归属感和认同感。

"共同体"思想被引入教育领域后出现了"学习共同体"。纽曼和韦勒奇指出："如果学校要增强推动学生学习的能力，就应该把学校建成一个以共同的目标、协作能力和集体责任为特征的专业共同体。"此外，研究者们还提出了学习者与思考者共同体、探究共同体、知识建构共同体等。①

　　莱夫和温格提出了实践共同体，认为一个实践共同体是一个诸多个体的集合，这些个体长时间地共享共同确定的实践、信念和理解，追求一个共同的事业。巴拉布和达菲进而阐述了实践共同体的特点，认为这些特点是共同的文化历史传统，包括共同的目标、协商的意义、实践；相互依赖的系统，在其中个体成为更大的集合的一个部分；再生产循环，通过循环，新手能成为老手，共同体也因此得以维持。②

　　根据已有的研究，我们认为教师培训中的研修共同体既是一个学习共同体，又是一个实践共同体。它是由培训者和参训教师共同组成，以中小学教育教学中的现实问题为切入点，以学习、探究、实践为主要手段，以双方共同提高、共同成长及教师所在学校的发展为主要目的的学习型群体。研修共同体具有以下特点。

　　1. 任务型合作关系

　　教师培训工作是以培训任务为导向的，因此，培训者与被培训者之间形成的这种共同体不是利益型的，而是以完成共同的培训任务为目标的。这种共同体是一种松散型的合作关系，培训任务完成后，即趋于解体。但这种解体只是以刚性任务为导向的共同体的结束。从研修共同体建构的角度而言，我们应该把这种任务型共同体延展为研究型共同体，使之形成长期的合作关系，养成共同的研究志趣。

　　2. 共同的价值追求

　　研修共同体的构想是以解决现实问题为目标的，这不仅是共同体成员共同的价值追求，同时也是当前教师培训新的发展趋向。它要求培训者与被培训者立足于教育改革发展的现实、立足于中小学的具体实践，寻求制约学校发展的关键问题，使之形成共同体合作研究的主题，并在行动研究中使所有成员都能得到提高与成长。因此，研修共同体共同的价值追求便

---

　　① 张建伟. 试论基于网络的学习共同体. 中国远程教育，2000(增刊)

　　② 戴维·H. 乔纳森. 学习环境的理论基础. 郑太年，任友群译. 上海：华东师范大学出版社，2002

是双赢与共同成长。

3. 生态型研修场景

培训者与被培训者在这种研修共同体中,以中小学教育教学实践中的现实问题为切入点,分别发挥自身的理论和实践优势,形成了互补性的协调合作关系,因而建立起了和谐的氛围,形成了和谐的"心理场",这也是生态化场景的重要特征之一。培训者与被培训者在这种和谐的研修氛围中,不再是简单地完成研修任务,而是追求共同的成长,各自也都在这样的成长中实现着自己的专业发展目标。

我们认为,"研修共同体"背景下应该倡导"大培训观",并推动"大培训观"指导下的全员培训。

二、"大培训观"指导下的培训原则

"研修共同体"背景下的教师培训,应该以"大培训观"为指导,遵循以下基本原则。

1. 研训一体原则

这是充分体现"大培训观"的核心原则。它有两层内涵:一是"研"与"训"各有侧重,其中"研"重在探究,重在寻求问题解决的途径与方法;"训"重在学习与掌握新知识、新技能,但二者最终的目的是获得"以研促训,以训促研"的功效。二是"研训合一",即"研"与"训"没有严格的界限,"研"的过程和"训"的过程是统一的,其目的是在教师培训这个平台上,培训者与被培训者通过共同学习与研究,达到共同成长的目的。

2. 实践导向原则

"大培训观"指导下的教师培训,既要有前沿教育教学理论的学习,更重要的是要密切联系学校实际和教师专业发展实际进行深入的研究。正是在这个意义上,我们在培训中十分重视将理论学习与教师教育教学实践结合起来,让更多的专家学者与教师就实践问题进行对话,让更多一线优秀教师走上培训讲坛与同行深入交流自己的教育教学经验与感悟。

3. 问题探究原则

"大培训观"注重研究教师在教育教学中的难点问题,以寻求有效的解决策略与方法。因此，在培训中，深入研究并提炼出困扰教师教育教学的深层问题是培训的关键之所在。在这个原则的指导下，我们在培训过程中需要聚焦出有价值的问题，其中除了一些共性的问题之外，还要从每位教师的实践中找出其教育教学所存在的一个核心问题，通过深入的理论学习与广泛的交流讨论，寻求解决问题的方案。

4. 合作共赢原则

这应该是"大培训观"指导下教师培训工作的根本目的。"合作"强调培训者与被培训者通过角色转变而形成的合作研究关系，"共赢"则关注双方在培训中的共同价值追求，这便是共同实现各自的专业发展，并进而实现中小学教育教学水平的提高。因此，"共赢"不是简单的"双赢"，而是"多赢"，是培训者、被培训者与学校的共同成长及进而对基础教育事业的促进。

三、基于"研修共同体"的培训方式

"大培训观"指导下的"研修共同体"追求培训的长效性。为此，我们在教师培训中可以运用以下方式。

1. 行动研究

行动研究重在创造性地运用理论解决实际问题，重在对实践过程进行不断的反思。因此，我们在培训中，按照行动研究的思路，形成这样的研修路径：从教师的教育教学实践中生成问题，在讨论中澄清问题，在反思中制定问题解决的方案，在校际交流与小组合作研究中完善方案，在教师进一步的教育教学实践中实施方案，最终在总结经验中形成有借鉴意义的问题解决策略与方法。

就整个培训过程而言，问题是培训的主线，研究是培训的主要方式，共同成长是培训的价值追求。培训中的理论学习始终围绕行动研究的每一个环节，以求用理论指导实践，通过实践加深对理论的理解。正是这样一种以实践和研究为导向的培训方式，使培训的最终成果都体现为两种形式，一种是教师的成长案例，另一种是以问题解决为目的的教育教学改进实施方案。我们的目标是和教师一起将学习与研究的内容最大限度地转化为指导其教育教学实践的思想与策略。

2. 师干联动

这是我们尝试探索的一种新的培训方式，也是教师培训中的"研修共同体"的延伸。我们在与中小学教师的交流沟通中，深切地体会到，长期以来，校长和教师的培训始终都行进在两条轨道上，这样，教师在接受培训后产生的对教育教学或学校管理的一些新思想、新策略，常常会因为校长暂时不能理解或认同而不能得到有效的实施；同样，教师在培训中产生的一些教改新思路也会因为校长一时不解其意而不能付诸行动。于是，在学校发展的过程中，校长和教师之间似乎总是有一些不"默契"。"师干联动"便是解决这种不默契的有益探索。在这种培训方式中，我们提取出校长和教师共同关注的问题，搭建论坛或沙龙等相互交流的平台，在各自研究的基础上进行深入的对话、讨论，以求达成共识。

3. 心智训练

我们认为，培训能否达到预想的目的，重要的应该是能否改变教师固有的心智模式。因为教师在日常工作中，容易囿于思维惯性，致使对许多问题不能创造性地思考和解决。为此，我们在心智训练方面加大了培训的力度，主要采用的方式有拓展训练、情商提升训练、文化体验等。前二者重在思维方式的改变，后者则重在教师素养的提升。运用这些行为训练与深度体验的方式，也是我们的教师观使然。我们认为，教师在学校既是教育者，又是引领者。作为教育者，教师要做到"有梦想、讲故事、抓机遇"，要培养自己的"定力、魄力、魅力"；作为引领者，则要从"全局意识、系统思维、操作策略"三个方面提升自己的专业化水平。所以，一个教师要想具备高素质，改善自己的心智模式是关键。

第四节　体验式培训关系的建立

提出体验学习的著名学者库伯曾对学习做这样的反思："通过学习，我们创造了自己的命运。学习使我们渡过难关。但是学习过程又必须融入到人类通过彼此对话而建立的、能够被共享并能被理解的个人体验之中。由于对理性、科学与技术的过于崇拜，我们对学习过程本身的理解首先被理性主义，后来又被行为主义扭曲了。我们抛弃了自己的体验，没有把它作为个人学习和发展的源泉；在这个过程中，我们没有以体验为中心来弥补自哥白尼时代就一直偏离的以'科学'为中心的过错。"①教师培训作为促进教师学习的重要方式，同样存在着体验缺失的问题，因此，加强培训中的体验，并探索建构培训者与被培训者之间注重体验的合作关系是弥补这一缺失的重要方式。在此，我们拟以柯林斯等人最早提出的、以情境认知观为理论基础的认知学徒制②为理论基础，对培训中的体验式关系做一些探讨。因为正像有研究者所评价的那样："认知学徒制必将是二十一世纪学校教育的格局。"③

一、认知学徒制的基本思想

与手工学徒制通过真实的工作和交易使学徒获得与发展其手工劳动的工具和技能一样，认知学徒制通过使学生获得、开发、使用真实活动领域中的认知工具，来支持学生进行特定领域的学习，并通过这个过程，使学徒进入实践领域的文化。因此，"学徒"这一概念强调了活动在知识和学习中的中心作用，并着意于内在的情境依赖性、情境化和学习的文化适应特征。学徒制注重情境模式化和教练的作用，认为老师或教练的作用在于促进学习，即首先在真实活动中使默会知识外显并使学生的策略模型化；然后，教师及其同事鼓励学生对作业进行尝试；最后，促使学生独立活动。学习和文化适应的这个不断进步的过程认为，复杂性不断提高的宏观世界

---

① 库伯. 体验学习：让体验成为学习和发展的源泉. 王灿明等译. 上海：华东师范大学出版社，2007

② J. S. Brown，A. Collins，& P. Duguid(1989). Situated Cognition and the Culture of Learning. Educational Research，18(1)，32

③ Sylvia Farnham-Diggory(1992). Cognitive Processes in Education，Second Edition. New York：HarperCollins Publishers Inc

会被复杂性不断提高的文化适应环境所取代。①

1. 认知学徒制的基本假设

莱夫认为，学徒制方法，或者可更通俗地称为在实践中学习的理论，其基本假设包括这样几个方面：第一，假定学习和理解的过程是社会性的和文化性的，所学的内容在整体上包含于它所要采用的形式之中，比如，数学如何学习取决于它是要学习的数学，学校中的数学如何学习取决于它是学校中要学习的数学。第二，学徒制的学习形式基于认识、思考、理解在实践和情境中产生的假设。第三，假定将学校学习从未来的生活中分离出来时，在时间、背景、活动方面的不一致，既非反省的过程，也非产生的过程，而是从学徒逐渐变成熟练的实践者的过程。在这个过程中，学徒以不断熟练的方式，作为"合法的边缘参与者"与那些做得比较好的人一起思考、讨论、行动和互动。②

认知强调学徒制非常适合于在传统上与学徒制联系在一起的专业的学习。所有这些学生都像所有的学徒一样，通过确认并解决来自真实情境中的界定不良的问题进行学习。因此，学生不再像学生而是作为一个实践者进行行动，并通过在特定文化领域中的社会互动和合作发展其对概念的理解。

2. 认知学徒制的基本结构

柯林斯等人认为，认知学徒制由四个基本成分构成，它们分别是内容、方法、序列、社会性。每个成分又由许多具体的因素组成（见表 2-1）。③

---

① J. S. Brown，A. Collins，& P. Duguid（1989）. Situated Cognition and the Culture of Learning. Educational Research，18(1)，42

② Jean Lave(1990). The Culture of Acquisition and the Practice of Understanding. In J. W. Stigler，R. A. Shweder，& G. Herdt（Eds.），Cultural Psychology：Essays on Comparative and Human Development（pp. 309-327）. Cambridge，UK：Cambridge University Press

③ Sylvia Farnham-Diggory(1992). Cognitive Processes in Education，Second Edition. New York：HarperCollins Publishers Inc

74

表 2-1 认知学徒制的结构

内容	方法	序列	社会性
领域知识	模式化	全局先于局部的技能	情境学习
问题解决策略与启发式	支架的搭建与拆除	复杂性的递增	专家实践的文化
控制策略	清晰表达	多样性的递增	内部动机
学习策略	反思		合作与竞争
	探究		

3. 认知学徒制的基本特点

根据上述结构，莱夫①描述了认知学徒制的基本特点，并认为这些特点也是认知学徒制和手工业学徒制之间的共性。

认知学徒制和手工业学徒制都要有专家(父母、教师、技工和年长的孩子等)和学徒(想变成专家的新手)一起工作。其中一些学徒要比另一些学徒出色或年长，他们进步中的专长可以给新来的学徒提供有效的观察和竞争目标，或者说，他们是不同发展阶段的专家。

学徒和专家共同分享一系列重要的项目，这些项目既对专家具有重要性，也对学徒具有重要性，且对现实世界具有意义和价值。

专家呈现他们处理和指导作业的方式，可以是心理的方式，也可以是物理的方式。他们要展示自己的思维过程、他们的决策及他们在领悟过程中的矛盾斗争。他们可以犯错误、可以遭遇失败并重新开始，但要始终将这些错误看作绝好的改进机会。"下次，我会做得更好。这些错误让我变得更聪明。"

然后，在教练示范和提供支架的时候，学徒要尽其所能地跟着去做，支架是对学徒不能处理的作业部分的辅助。以这种方式，学徒会对整个项目产生一种情感。对他们而言，各个部分如何结合在一起及整个产品会是

---

① Jean Lave(1990). The Culture of Acquisition and the Practice of Understanding. In J. W. Stigler, R. A. Shweder, & G. Herdt (Eds.), Cultural Psychology: Essays on Comparative and Human Development (pp. 309-327). Cambridge, UK: Cambridge University Press

什么样子，都是非常清晰的。这就鼓励学徒去练习那些达到熟练化必须要精通的规范。

为了确保学徒确实理解了他们所做的事情，专家要不时地让学徒描述他们正在做什么，他们是如何想的，以及他们这样做或想的理由是什么。如果可能的话，专家要帮助学徒确认隐含在其中并能够运用到其他情境的一般原理。“好极了，你第一次一步步地理解了处理任何项目都需要的一种良好的方式。”这些反思和操作过程在开始时就要由专家将其模式化。

专家要逐步把学徒带进更加复杂的作业之中，这些作业是更丰富、更多样化、更综合的项目，由此，学徒可学会如何在不同的情境中适应和发展其技术。

在确信学徒做好准备的时候，专家要让学徒对一项新的、重要的作业负全部的责任。学徒要真实地介入其中并自己进行处理。

通过上述过程，学徒和专家平等地在一起工作，就像一个扩大了的家庭，其中特别强调合作而非竞争。每个人都根据他们自己的天赋和才能，对整个项目做出自己独特的贡献。

4. 小组互动在认知学徒制中的重要意义

认知学徒制有助于情境认知关于活动、工具和文化相联结的学习。即无论是校内还是校外的学习，都通过合作性的社会互动和知识的社会建构取得进步。在这个过程中，学习者的角色可称为“合法的边缘参与者”，这种边缘参与对学习者进入一种文化特别重要，即他们观察不同水平的实践者的行为，并通过谈话找到专家在对话和其他活动中突出表现出来的那种感觉。

由于学习是部分地由谈话和社会互动支持的文化适应过程，因此实践者小组就显得特别重要，因为正是在这种小组活动中，社会互动和对话才得以实现。一般来讲，小组活动的突出特征包括以下几点。

(1)集体解决问题。小组并不仅仅是一个积累成员个体知识的形式。它可以通过成员之间的互动引起对问题的领悟和有效解决。

(2)呈现多元角色。认知作业执行中有各种不同的角色。认知学徒制的任务之一是，使每个人能够扮演真实生活中的多种角色并有效地反省自己的行为，认知小组可以呈现不同角色并产生适合这些角色的反省性的谈话和讨论。

（3）正视无效的策略和错误的概念。通常学生在学科领域会有许多错误的概念。认知小组可以有效地找出、正视并讨论这些错误的概念和无效的策略。

（4）提供合作工作的技巧。大量事实和研究都表明，接受个别化教育的学生在合作工作中常常会遭遇失败。认知学徒制提供了在一定的情境化条件下，发展良好合作技能的环境，因而可以使学生理解并掌握如何合作性地学习和工作。

二、认知学徒制的实践探索

认知学徒制引起了许多研究者的关注，他们纷纷结合具体教学，进行广泛的研究探索，并提出了诸多行之有效的教学模式，其中在数学教学领域中的一些研究颇具特色，这里我们列举其中两项研究，以对认知学徒制的实践模式有一个基本的认识。

1. Schoenfeld 的问题解决教学

该方法由 Schoenfeld① 提出并进行了大量的具体实践，其基本思路是试图引导大学生进入数学实践之中，并使他们学会如何数学化地思考世界，如何通过数学眼光来看待世界，以及如何使用数学工具。Schoenfeld 认为，这种方法远优于简单地指导学生解决问题的策略。尤其重要的是，它给学生提供了进入数学实践文化的机会。

Schoenfeld 的课堂实施过程是，学生将问题带进他们可以研究数学的课堂，然后，自愿参与到数学思考的过程中，并主动追求对数学的一种感觉。该方法极具特色之处是，学生能够体验到他们的老师从事数学实践的感觉，并进入数学文化而非简单的学校文化之中。学校文化的一个标志是，在得

---

① J. S. Brown, A. Collins, & P. Duguid(1989). Situated Cognition and the Culture of Learning. Educational Research, 18(1), 32-42

到答案的同时，就意味着问题解决的终止，而在数学文化中则是要帮助学生构建一套数学信念系统。

比如，在一个数字魔方问题的案例中，在问题得到解决的同时，他是这样引导学生的，他说："我们做完了吗？在大多数课堂上答案是'是的'。在我的学期之初，所有学生的答案也是'是的'，并希望我开始另一个问题。但我的答案是一声响亮的'没有'。"就是说，学生的目标是理解魔方的数学特征，并在一定程度上使信念系统典型化。学生们探究其他的魔方并发现一般的原理。他们也会形成一些更加概括化的在课堂实践中并不普遍的数学策略，比如，从最初的解决方式中进一步工作，使用系统化的产生式过程，用多种方法解决一个问题等。Schoenfeld 强调所有这些策略都会在行动中得到验证，并由全班同学得以发展。

2. Lampert 的乘法教学

Lampert[①] 也将其学生融入数学探究之中，以期延伸到学生的常识之中。她为小学四年级的学生设计了数学教学方法，以引导学生通过文化中的活动和社会建构对课堂之外的世界产生潜在的理解，直到产生充满活力的学习，而这是直接的算术教学所不可及的。

比如，她在钱币问题情境中教乘法，因为四年级学生对钱币已经有了强烈的、内在的、共同的理解。她要求学生们编乘法问题故事，利用他们的内隐知识描写不同的乘法事例。然后，在钱币问题和学生们自编的问题情境中，她帮助学生认识每个人都要学习的多位数乘法的抽象规则。这样，算法规则就被作为一种更加有用的策略来帮助学生解决共同体的问题。

教学的第一步是以简单的硬币问题开始，如"只用 5 分硬币和便士，组成 82 美分"。用这样的问题，她帮助学生探查其内隐知识。

然后在第二步，学生编乘法故事。学生们进行一系列的分解，并发现没有一种权威的正确分解，而分解是否有用需要通过问题得到解决的情境和问题解决者的兴趣进行判断。

---

① J. S. Brown，A. Collins，& P. Duguid(1989). Situated Cognition and the Culture of Learning. Educational Research，18(1)，32

教学的第三步是逐步给学生介绍标准的算法规则，因为这样的规则在共同体中是有意义和目的的。学生掌握算法规则的过程与他们编的故事问题是平行的。他们会逐步找到缩减这个过程的方式，并达到标准的算法规则，这些规则可被用于判断他们早期所编故事的结果。

通过这种方法，学生们形成了对四种不同的数学知识的综合理解，这四种知识如下。

直觉知识：人们在真实情境中做乘法问题时产生的瞬间的认识。

计算知识：平常教给学生的基本算法规则。

具体知识：与学生自编的故事联系在一起的具体算法模型。

规则知识：诸如联合律、交换律等对数量进行运算处理的规则。

Lampert 试图给学生灌输这几种知识及其联结的不可分隔的理解，并以此来弥补产生于概念知识与问题解决活动之间的传统教学的不足，即知与做之间的不足。

Lampert 的方法很好地体现了认知学徒制的特点：

(1)从嵌入相同活动的作业开始，它给学生显示了其内隐知识的合理性及作为显然不同的作业的支架的有效性。

(2)通过指出不同的分解式，它强调启发式并非绝对的，但对特定作业的评价则是重要的——甚至算法规则也可以通过这种方式评价。

(3)通过让学生形成自己的解决路径，它帮助他们成为有意识地、创造性地解决问题的人。并且通过这种活动的文化适应，他们还可以获得一些文化工具——分享词汇和讨论、反省、评估、认可合作过程中共同体程序的手段等。

根据认知学徒制，Brown、Collins 和 Duguid 概括出了学生从嵌入性活动到文化的普遍原则的进步过程(见图 2-1)。在这个过程中，一定领域中的学徒关系和教练活动起步于通过提供情境中的模型和真实活动中的支架。当学生获得更多的自信和自控的时候，他们就会进入合作学习的一种更加自动化的阶段，这时他们有意识地参与到了文化之中。文化中的社会网络帮助学生发展其语言和信念体系，并促进文化适应的过程。合作还会引导策略的明确表述，这些策略是随后要被反省和讨论的东西。同时，合作还会促进学生在情境性理解中的概括化和根本性。由此，学生们就可以在活动中使用他们幼稚的概念知识，以一种新的视界看待活动，并进而使其概念知识得到发展。

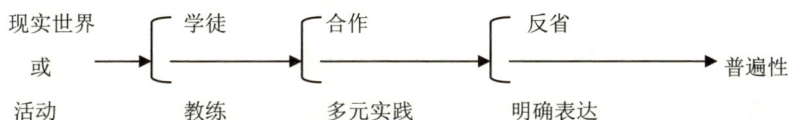

```
现实世界        学徒         合作          反省
    或    ────→────→────→────→ 普遍性
  活动        教练        多元实践      明确表达
```

图 2-1　学生从嵌入性活动到普遍性的进步流程图

这个过程还可以在其他学习中得到说明。比如，在语言学习中，起初对一个单词比较弱的理解可通过随后的使用和社会协商得到发展与扩展，每次使用都是明显被情境化的。Miller 和 Gildea 描述了这个过程的两个阶段：第一个阶段可以很快完成，在这个阶段人们学习单词并将其分配于一定的语义类型（比如，单词 olive 首先被分配于颜色词的一般类型）；第二个阶段是一个渐进的过程，"可能从不会彻底地完成"，在这个阶段，通过一次又一次地使用单词使其在语义类型上得到进一步区分（比如，将 olive 与其他颜色区分）。单词学习的第二个阶段与所有概念知识的活动的发展相一致。随着在不同情境中的使用，最初在活动中产生的陈旧的概念被逐渐赋予了稳定的特质。①

三、认知学徒制对教师培训的启示

教育部 2001 年颁布的《基础教育课程改革纲要（试行）》强调，在新课程的实施中，必须要转变学生的学习方式和教师的教学方式。对于前者，要"倡导学生主动参与、乐于探究、勤于动手，培养学生搜集和处理信息的能力、获取新知识的能力、分析和解决问题的能力以及交流与合作的能力"。对于后者，则主张"教师在教学过程中应与学生积极互动、共同发展，要处理好传授知识与培养能力的关系，注重培养学生的独立性和自主性，引导

---

① J. S. Brown，A. Collins，& P. Duguid（1989）. Situated Cognition and the Culture of Learning. Educational Research，18(1)，32-42

学生质疑、调查、探究，在实践中学习，促进学生在教师的指导下主动地、富有个性地学习。教师应尊重学生的人格，关注个体差异，满足不同学生的学习需要，创设能引导学生主动参与的教育环境，激发学生的学习积极性，培养学生掌握和运用知识的态度和能力，使每个学生都能得到充分的发展"。基于此，并结合认知学徒制的基本思想，我们认为，中小学教师培训可以借鉴认知学徒制的思想，积极推动体验式培训，并特别着力于建立体验的培训者与被培训者关系。这样一种关系的建立应该体现以下特点。

1. 参与性

这个特点要求在培训中要充分体现受训教师的主体性和能动性，使他们能够参与到培训活动之中，从"合法的边缘参与者"变成"合法的核心参与者"。其实，这也是一个教师从培养到培训的不同阶段中必然经历的受训角色的变化过程。因为在培养阶段，作为未来教师的学生，只能是教师共同体的一个合法的边缘参与者，并在这种角色中去理解和内化教师共同体的规范和文化。而在培训阶段，因为受训者已经作为一个正式的教师比较深刻地体验到和实践了教师共同体的规范与文化，因此，他们在进一步的培训中，已经不是一个"边缘"参与者，而是一个"核心"的参与者。就是说，培训要使受训教师发挥更强的自主性，并使他们对学习进行自我计划、自我调整、自我指导和自我强化。具体而言，就是在学习活动之前，受训者要能够自己确定学习目标、制订学习计划、选择学习方法、做好学习准备；在学习活动之中，能够对自己的学习过程、学习状态、学习行为进行自我观察、自我审视、自我调节；在学习活动之后，能够对自己的学习结果进行自我检查、自我总结、自我评价和自我补救。①

莱夫通过对裁缝学徒制的长期观察研究，认为这种充分体现学徒自主性的教育模式，"不存在学习与实践的脱离，学习的动机也不成问题，激励也是内在的。人们甘愿花大量时间实践他们正在学习的东西。这个过程是一种多层次的课程，而这种层次并不取决于教师或师傅有意识的教育活动。

① 钟启泉. 新课程师资培训精要. 北京：北京大学出版社，2002

并且虽然课程只是排定了他们每天实践的基本轮廓，也没有特别要求他们应该做什么或确切地该怎么做，但学习者依然清楚地知道这个课程是什么"①。

2. 互动性

认知学徒制认为，对话和谈话是社会互动与学习的必要成分。在一种文化中，通过对话和谈话，思想可得到交流和修正，信念可以得到发展和调适，并且它们可以提供分布式知识的存取和社会模型的详尽支持。因此，学习环境必须要有谈话甚至"论战"。

可见，互动性意味着在新型的师资培训中，首先必须要转化培训者的角色，使他们真正成为培训工作的指导者和学习者，并与受训教师共同组成互动小组，使指导者和学员都能够在生生之间、师生之间的互动交流中，得到共同提高。不仅如此，互动性还意味着，受训不是一个简单的学习和接受新知识的过程，更重要的还是一个促进和提高探究、发现等认识活动的过程。

3. 合作性

Greeno 等人认为，教师的主要责任表现在与其学生的共同工作和与同事共同体的共同工作之中，他们对项目中形成的资源的运用取决于他们对学生学习的判断。学生的主要责任表现在建构被广泛分布和运用的软件及课程材料方面。研究者根据理论指向的研究处理共享活动的结果，其主要责任表现在知识的提高和知与学原理的理解，知与学根据课堂上的社会互动和项目中发展的资源的运用予以说明。②

这就是说，在认知学徒制的师资培训模式中，学生之间的合作和师生

---

① Jean Lave(1990). The Culture of Acquisition and the Practice of Understanding. In J. W. Stigler, R. A. Shweder, & G. Herdt (Eds.), Cultural Psychology: Essays on Comparative and Human Development (pp. 309-327). Cambridge, UK: Cambridge University Press

② J. G. Greeno and the Middle School Mathematics through Applications Project Group(1998). The Situativity of Knowing, Learning, and Research. American Psychologist, 53(1), 5-26

之间的合作十分重要，因为在这些合作小组中，每个成员都在整体工作的某些方面负责任，并在实际上，小组成员在工作中既是教师又是学生，既是学生又是研究者，或者既是教师又是研究者。在这个意义上讲，受训教师通过培训中的合作学习，能够激发创造力，培养合作意识和合作技能，培养团队精神，促进自我反省。

综上所述，认知学徒制不仅"在认知学习理论中扮演了重要的角色，并已成为学校教育实践的可选模式"①。同时也对我们在新课程背景下的师资培训工作具有非常积极的意义。但良好的师资培训模式的建立是一项综合工程，它不仅需要技术层面的工作，同时还与我们的经济发展水平和政府的重视程度直接相关。无论如何，我们认为有一点是值得肯定的，那就是在新型的师资培训中，必须要加强体验式训练，使教师成为一个灵活的、建构性的有效教学工作的组织者和实施者。用 Sternberg 等人的话来讲，就是："作为一个教师，你需要先成为一个思维的典范。如果你告诉学生用一种方式思维，但自己却用另一种方式教学，或者即使你用一种方式教学，在其他时候却用另一种方式行动，那么学生更容易模仿你的行为，而不是像你说的那样做。关于教师，我们记得最清楚的恰恰不是他们教了什么，而是他们是什么样子。我们需要以某种方式行事，这样才会使学生记住我们自己是言行一致的。"②

四、体验式培训关系的建立

为此，我们在实践中通过不同的培训项目，探索了能够使教师产生深度体验的培训关系，形成了一些有益的经验。

1. 建立能够激发教师参训动力的伙伴式关系

正像成人教育学理论的代表人物、美国学者麦尔克姆·诺尔斯所说的

---

① David Kirshner & James A. Whitson (1997). Editor's Introduction to Situated Cognition: Social, Semiotic, and Psychological Perspectives. In David Kirshner & James A. Whitson (Eds.). Situated Cognition: Social, Semiotic, and Psychological Perspectives. Lawrence Erlbaum Associates, Inc., Publishers

② R. J. Sternberg & L. Spear-Swerling (1996). 思维教学——培养聪明的学习者. 赵海燕译. 北京: 中国轻工业出版社, 2001

那样，成人有独立的自我概念并能指导自己的学习，其学习动机更主要地是来自内部而不是外部。[①] 正如第一章所讨论的那样，教师作为成人学习者，我们的培训同样需要能够激发其自主学习意识，使其在自己的内部动机推动下，自觉自愿地进行学习。我们在教师培训实践基地开展的伙伴式研修，其主旨就是让学员与指导教师结成密切的伙伴式关系，通过双方相互了解、深度交流与协商，由学员根据自己的教育教学问题或成长发展需求形成年度或一定时期的学习研修计划，最终在行动研修中实现预期目标。如其中一对师徒就进行了这样的协商式研修计划制订，首先进行师徒各自所在的两所学校的教学特点、双方的个性特征及专业优势的分析，然后由学员列出自己希望解决的问题清单，指导教师列出能够提供的学习资源清单和自己的成果，最后他们通过两份清单的比对，将研修重点聚集到了课堂教学规律的探索，并以此为依据，制订了个性化的研修计划。其实，这样一种在协商中由学员自主制订研修计划的过程本身就是激发其学习内在动机的重要举措，而这样的协商并由学员自主决定的做法是贯穿研修始终的。

2. 引导教师直接参与培训全程，形成协商式的研讨关系

伙伴式的研修关系中，培训完全走出了传统的授课—听课—反思的模式，其概念已经发生了根本的转变。这个转变的核心是指导教师和学员之间不再是传统意义上的师生关系，而是伙伴式的协商关系，在这样的关系中，教与学的界限不再那么严格，师生双方都在行动研修中共同成长着。如指导教师胡老师与学员谢老师、吕老师一起组织了一次试卷讲评课。讲评课的授课老师是吕老师，讲评内容是"某区 2015—2016 学年度第二学期期中考试联考——高一英语（A）卷"中的写作部分。吕老师从审题、列提纲、优秀范文赏析等几个方面和学生一起归纳总结了写好一篇申请信的注意事项及策略方法。结束后，三位老师先与学生进行了交流，然后胡老师和两位学员又详细分析讨论了每一个环节，并形成了写作教学的指导性建议。在这样的培训课堂中，我们会看到，不仅教与学的界限模糊了，指导教师

---

① 雪伦·B. 梅里安. 成人学习理论的新进展. 黄健等译. 北京：中国人民大学出版社，2006

和学员的界限也模糊了，师生变成了伙伴式，培训课堂变成了协商式。

3. 促进参训教师的深度体验

库伯将体验学习过程设计为一个四阶段的循环过程，与此相适应的四个学习环节是具体体验、反思观察、抽象概括和行动应用。为了更有效地促进学员在培训中的深度体验，伙伴式研修采用了"学""做""用""评"的四环节研修策略。① 学，就是让学员带着问题去观察、阅读、讨论、研究，先在学理上搞清楚问题，使"学"的内容与学员的已有知识、经验建立联系，达到透彻理解的状态。做，既是做中学，又是学中做，就是要让学员深度投入到培训之中，在自己的亲身实践中学习提升，在互动式的培训课堂中积极参与、反思观察，让学习与行动始终融为一体，达到学会也要能做到的目的。用，就是要把培训中所学会的充分运用到自己的教育教学实践中，让培训直接产生实效，让学员产生实实在在的获得感，让学生直接从教师的培训中受益。评，就是要从学员的获得感来评价培训，从学员的课堂变化评价培训，从学生的成长来评价培训成果的转化；评的另一层内涵是，学员在研修过程中，不仅要变革课堂，还要开发或生成适合学生成长规律的教育教学评价工具，以提高课堂评价的有效性。

由此可见，这样一种促进参训教师深度体验的培训，将认知体验式学习、情感体验式学习和行为体验式学习融合起来，其中蕴含着培训者的理性设计和对教师学习规律的把握，更好地延伸了体验式培训的内涵，也是促进教师培训转型的有益探索。

---

① 何劲松. 推进教师培训供给侧结构性改革的行动路径. 北京教育（普教版），2016(7)

第三章　教师培训的实践模式

《教育部关于深化中小学教师培训模式改革，全面提升培训质量的指导意见》指出："各地要针对教师学习特点，强化基于教学现场、走进真实课堂的培训环节。通过现场诊断和案例教学解决实际问题，采取跟岗培训和情境体验改进教学行为，利用行动研究和反思实践提升教育经验，确保培训实效。改革传统讲授方式，强化学员互动参与，增强培训吸引力、感染力。"无疑，这对进一步改革教师培训模式并使培训更具实效性，提出了更加明确的要求。我们在教师培训中也探索实践了许多有实效的培训模式，总体来看，也比较好地体现了教育部文件的精神，突出了教学现场、真实课堂、行动研究、反思实践、互动参与等特点。

第一节　教师培训模式建构的理论模型

学界与培训界对教师培训模式的探索还停留在具体模式的总结层面，对于如何建构起一个具有生成性作用的教师培训模式的理论模型我们仍需要做进一步的研究探索。

一、教师培训模式研究的基本现状

从现有文献来看，关于教师培训模式研究的文章很多，总体来看，大体可将培训模式归纳为三种研究视角：一是针对特定培训对象的模式研究，主要是针对某一类对象进行培训模式设计，如"班主任'主题式'培训模式""骨干教师'主题驱动合作研修'模式"等。每一种模式，都从需求分析、主题设计、课程设计、组织实施等方面做了全面的研究与设计。二是针对特定培训方式的模式研究，如湖北省农村骨干教师跟岗学习项目提出的"'影子教师'研修模式"、北京市组织实施的"北京市农村教师城镇研修工作站"等，都是从培训方式入手进行的模式建构，重在从项目组织实施的角度探讨教师跟岗学习的有效模式。三是综合性的研究，主要有两种取向，一种是列举式，主要就现行的培训模式进行汇总、梳理、列举，列举一些有影响的培训模式；另一类是归纳式，主要是将现行的培训模式进行归类，如有研究者归纳出了五类培训模式，分别是"学历指向的继续教育模式""基于区域协作的教师继续教育模式""基于校本培训的教师继续教育模式""基于个体化研修的教师继续教育模式""骨干教师培养指向的教师继续教育模式"。① 这些研究，均为进一步深入探讨有效的教师培训模式奠定了重要的学术基础。

二、教师培训模式的建构基础

虽然培训模式的创新与实践取得了十分显著的成绩，产生了各种各样颇有成效的模式，也激发了人们对培训模式更深入的思考与研究。但到底什么是模式？教师培训模式应该如何建构？教师培训模式是否应该有一些共同的要素？这样一些问题促使我们做进一步的研究与回答。根据查有梁的观点："模式是一种重要的科学操作与科学思维的方法。它是为解决特定的问题，在一定的抽象、简化、假设条件下，再现原型客体的某种本质特性；它是作为中介，从而更好地认识和改造原型客体、建构新型客体的一种科学方法。从实践出发，经概括、归纳、综合，可以提出各种模式，模式一经被证实，即有可能形成理论；也可以从理论出发，经类比、演绎、分析，提出各种模式，从而促进实践发展。"②简言之，模式是一种抽象了的

---

① 郑百伟等. 教师继续教育模式研究与探索. 北京：中国人民大学出版社，2009

② 查有梁. 新教学模式之建构. 南宁：广西教育出版社，2003

思维过程。如果把这样一种思想运用到教师培训模式的建构中，我们认为，教师培训模式应该是一种抽象化了的促进学员教育教学问题解决的过程，或是一种简化了的学员知识技能建构过程。根据这样一个基本认识，我们可根据人类心理的认知、情感、行动三个过程，以及教师培训应解决的知识、技能、方法、动力四个方面的问题，形成一个教师培训模式建构的模型（见表 3-1）。参照这个模型，我们可以因不同因素之间的组合，生成若干不同的培训模式。

表 3-1　教师培训模式生成模型

	认知	情感	行动
知识	知识—认知型	知识—情感型	知识—行动型
技能	技能—认知型	技能—情感型	技能—行动型
方法	方法—认知型	方法—情感型	方法—行动型
动力	动力—认知型	动力—情感型	动力—行动型

三、教师培训模式核心要素的表征

根据以上理论思考，我们认为教师培训模式，无论其对象和内容是什么，总体都可以围绕"主题式"的思路展开。由此，我们可以按上述教师培训模式建构思路，寻求这些模式的共同要素，也就是说首先要确定主题，而主题则可指向知识、技能、方法和动力的任意方面，然后确定任意主题的培训模式，而这个模式则指向认知、情感和行动的任意类型或是二或三者的综合。由此，我们就可以生成如知识性主题的认知培训模式、技能性主题的情感培训模式等。但无论何种培训模式，围绕主题的培训大体都可按照如下路径进行设计：

主题生成——→概念解析——→课程建构——→成果预设——→方法选择

第二节　主题式培训的设计路径与实施策略

主题式培训是在教师培训中得到普遍运用的模式，有研究者认为，"中小学教师主题式培训模式是中小学教师培训中具有较强针对性的模式之一"①。那么到底什么是主题式培训？我们在培训中又该如何设计和实施主题式培训呢？

一、主题式培训的内涵与特点

中小学教师的主题式培训，即以教师在教育教学中的特定困惑或某个难点问题为培训的主线，并以此为出发点对培训内容和培训方式进行系统设计，进而通过培训者与被培训者构成的研修共同体，从理论到实践对主题进行结构性的学习与研究，最终达到澄清问题、形成策略的目的。在这个基本的理解中，我们认为在主题式培训的设计中，有这样几个核心要素需要清晰地把握。

"培训主题"。主题式培训的核心是培训主题，也是贯穿培训始终的一条主线，培训中所有课程及活动的设计均应紧密围绕主题。在这个意义上，我们需要明确的是，主题式培训与专题培训的不同在于，前者是自下而上的，即主题必须是源于教师的教育教学实践，重在通过主题的学习和研究解决实际问题；后者则既可能是针对实践问题的，也可能是针对政策性问题的，还可能是针对教育教学改革热点问题的。因此，主题式培训关注"线"上的系统性与深刻性，而专题培训则关注"点"上的普及性与时效性。

"系统设计"。主题式培训的设计至少需要解析清楚两个方面的问题：一是要对主题进行学理上的分析，明确主题所要解决的问题形成的原因，影响问题解决的因素，以及解决问题的逻辑结构等；二是在系统解析主题的基础上，根据问题解决的逻辑结构设计培训课程、培训方式、培训成果和培训评价的方法。因此，从认识论的角度而言，主题式培训的设计路径应该是：从教育教学实践中生成主题——从理论层面对主题进行学术解析——从操作层面将主题转化为培训课程与方法——从实践层面形成促进教师发展的策略。

---

① 吴伦敦，葛吉雪. 中小学教师主题式培训模式：内涵与结构. 教师教育论坛，2016(1)

"共同研修"。主题式培训从实施策略来讲，重在"研"，并在此基础上实现研、学、训的有机结合。因此，在这样的培训中，培训者与被培训者之间必须打破传统的教与学或师与生的关系，转而形成共同学习、共同研究、共同成长的共同体。在这个共同体中，虽然培训者发挥着设计与引导的作用，但在培训全过程中，每一个环节的设计与实施，都是双方协商讨论的结果。

"目标达成"。主题式培训必须要实现主题、目标、课程、成果、评价的统一，即目标是主题的具体化，课程是目标的操作化，成果是课程研修的深化与内化，评价则是对目标达成程度的具体检测。因此，主题式培训能否取得预期的效果，最终要看是否达成了目标。

基于上述认识，我们认为，主题式培训主要有如下特点。

一是问题性。即主题式培训中的主题源于教师教育教学实践的真实问题。从培训的角度而言，这个问题反映的是教师教育教学中的困惑或难点，是培训者在对教师培训需求进行调研分析的基础上形成的在一定范围内带有共性的问题。但从表述形式上讲，培训主题应该是一个命题，而不是一个问题。因此，主题式培训的问题导向性是说，培训主题反映的是来自中小学教育教学实践中的问题，并最终指向问题的解决。

二是研究性。每一个培训主题都有一个核心概念，因此，在培训过程中，一方面要深入研究并厘清核心概念，并根据概念的操作性定义将其转化为培训内容，同时还要在此概念体系下生成培训者与被培训者共同参与研究的一系列问题，以使主题的研究更加系统、深入；另一方面要围绕主题进行有针对性的学习、交流与训练，使研究、学习与培训有机结合起来。

三是实践性。主题式培训始终以实践为导向，首先是其主题的生成源于实践；其次是培训的过程也是实践的过程，即主题的学习与研究必须要紧密结合或植根于教师的教育教学实践，既通过理论学习与理性思考提升对实践的认识水平，同时又通过具体的实践活动加深对理论或概念的理解；最后是培训的结果指向实践的改进，即通过对主题的学习、研究与实践，最终形成改进教师教育教学问题的实践策略。

二、主题式培训的设计路径

主题式培训要求培训者不仅能够从学术上驾驭主题，同时还要能够将主题转化为培训内容与策略，并激发学员的内在动力，使之能够积极参与培训。因此，主题式培训应该包括以下设计路径。

1. 生成主题

主题式培训中，培训主题的生成是关键。我们之所以使用"生成"，而不使用"形成"或"确定"，意在强调主题源于教师的教育教学实践。为此，我们认为，生成主题时应该注意"三忌"，并努力做到"三结合"。

一忌把自己的研究课题作为培训主题。许多培训者都有自己的研究课题，这些课题可以利用培训的相关资源去开展研究，但相当一部分课题却不宜作为培训主题。因为研究课题通常是理论上的探索，或者是实践策略的探索，总之都是对研究假设的验证。而从培训的角度而言，作为培训主题的问题，首先必须要能够操作化，并转化为可操作的培训内容。因此，一个课题在尚未完成，或尚未形成结论性的认识之前，不能作为培训主题。但有些课题也可以转化为培训中双方共同研究的问题。

二忌把学术研究的热点问题作为培训主题。近年来，关于基础教育的学术研究十分活跃，许多研究都为基础教育的发展提供了有力的理论或实践支持，但其中有一些尚处于争议或讨论中的热点问题则不宜作为培训主题，因为这样一些问题，我们同样无法按照培训的要求将之操作化或课程化，甚至还可能会在培训过程中产生过多的分歧而难以推进。但一些热点问题可以在培训中进行必要的研讨交流。

三忌把"不可能问题"作为培训主题。有些问题是教师十分头痛的问题，甚至在一定程度上会影响教师的工作积极性，但这些问题却是培训无法解决的"不可能问题"，如教师待遇问题、职称评定问题等。这些问题受制于国家的政策，受制于国家和地方经济、文化的发展，而不是培训要解决的问题。

培训主题的生成最终要深入研究教师的成长需求或工作需求，因此，我们所说的"三个结合"主要是从培训需求的角度而言的。

一是主观需求与客观需求的结合。从需求调研的角度来讲，我们既要研究来自教师自陈式的主观需求，同时也要从教师素养、能力建设、工作分析等方面研究教师成长或有效工作的客观需求。因此，培训主题的生成首先应该是主观与客观的结合。

二是个体需求与群体需求的结合。每位教师，因为其个人经历、专业背景、性格特征等的不同，其培训需求也不同，但从目前以班级为重要组织形式的培训而言，我们还无法在培训中做到完全个性化。因此，培训主题的生成，既要考虑教师的个人需求，更要研究同类教师的共同需求，努力做到个体与群体的结合，并以群体需求为主。

三是实践需求与理论需求的结合。教师培训要解决实践中的问题，但如果只关注实践，则可能会陷入工具主义的误区。因为促进教师的专业发展，需要从其整体素养着手，努力做到理论与实践的结合。

2. 解析概念

培训主题表达的是教师在学校实践中十分关心或迫切希望解决的问题，但这个问题必须通过一个或几个关键概念来表达。因此，主题解析的关键环节应该是明确核心概念，并对概念进行学术梳理与实践转化，使其可操作。我们认为，在主题式培训的概念解析环节，同样有几个"宜"与"不宜"。

一是宜简不宜繁。首先从表述形式而言，要能够清晰准确地将需通过培训解决的问题表达出来。具体而言，主题陈述的相关概念之间的逻辑关系要清晰，揭示的问题要准确。因为主题陈述"最重要的特点是它必须为研究提供足够的焦点和方向"①。其次，在对核心概念进行界定和梳理的过程中，可以阅读大量的文献，但最终要使用的文献则必须经过甄选，要具有一定的学术价值，并且在陈述过程中，也不宜对概念做过多历史资料的罗列，或过多观点的堆砌，应该开宗明义，把培训过程中要研究、学习和解决的内容简洁明了地阐述清楚。

二是宜少不宜多。这是说主题式培训涉及的关键概念不宜过多。因为

---

① 威廉·维尔斯曼. 教育研究方法导论. 袁振国主译. 北京：教育科学出版社，1997

从研究设计的角度来讲，关键概念越多，相互之间的关系就越复杂，操作起来就越困难。培训也一样，涉及的概念越多，关系越复杂，通过培训要解决的问题也就越复杂，于是就可能会出现中心不突出而导致培训主题不明确。如"基于课程改革与学生发展的教师专业成长策略""促进学生发展和教师成长的教学领导力提升"等，就是涉及关键概念多而使中心不够突出的主题，因此，操作起来难度就会很大，甚至在一定意义上讲，这样的一些主题要解决的问题也不够明确。

三是宜行不宜辩。主题式培训的主题不应该单纯是用来进行思辨性讨论的问题，而是通过学习、研究和实践达到促进教师专业成长并进而促进学校发展的问题，因此，我们应该更多地关注主题所涉及关键概念的可操作性，换言之，关键概念要能够具体化为有较强操作性的培训内容，并能够转化为培训行动。

3. 建构课程

解析概念的目的是将主题转化为具体的培训活动。因此，主题式培训设计的第三个环节就是要根据核心概念形成培训课程。

关于课程，虽然学术界尚未形成统一定义，但仍有一些共同的认识，其中泰勒在《课程与教学的基本原理》一书中提出的四个基本问题，就为课程的编制提供了一个基本框架。他的四个问题分别是学校应该追求什么样的教育目标、提供什么样的教育经验才能实现这些目标、如何有效地组织这些教育经验、怎样确定这些目标正在得以实现。[①]

综合这样一些思想，我们认为，主题式培训的课程，就是针对主题要解决的问题，基于教育理论与教育教学实践的结合，通过有效的培训方式，最终实现培训目标的由内容、方法、过程等构成的培训体系。在这个体系中，培训内容的确定是关键。

4. 预设成果

培训课程必须要最终转化为学员的学习成果。因此，在主题式培训的

---

① 泰勒. 课程与教学的基本原理. 罗康，张阅译. 北京：中国轻工业出版社，2008

设计阶段，预设成果也是重要的环节。成果的意义主要表现在：一是为教师参加研修确立更加清晰、明确、可操作的目标；二是促进教师对培训内容的理解与掌握；三是促进教师建构自主解决实践问题的策略。

成果可分为阶段性成果和终结性成果。前者是培训过程中的各种成果，如反思日记、学习心得、读书笔记、单元小结、阶段性总结等，重在对过程中的每一个环节进行感悟和思考；后者是贯穿整体培训过程的研究成果，可以是研究论文或论著、研究报告或改进方案等，重在实现培训主题向实践策略的转化。

另外，在预设成果时，还需要明确完成时间、文体、字数、格式、提交方式(如电子版或书面文本)等要求，同时要明确培训者对不同成果的处理方式。一般来讲，过程性成果至少要逐篇阅读并有一个整体的评阅，终结性成果则需进行一对一的具体指导。因此，终结性成果作为培训的一项重要内容，除配备指导教师外，对一些重要的研究，还要有开题、指导、答辩等的具体安排。

5. 确定方法

明确了上述内容后，还要针对培训主题背景下不同培训内容或活动设计相应的实施方法，总体上应该考虑以下三类方法。

第一类是支持性方法。主要是为学员的学习与研究提供技术支持。比如，为主题的深入学习与扩展学习选编文献资料或文献索引；为各类重要研修活动研制支持性工具，如反思日志、读书指导手册、教学实践指导手册等；为主题的交流研讨提供思维方法的指导，如头脑风暴法等。

第二类是程序性方法。即培训过程中，针对不同培训内容或培训活动采用的方法。比如，针对知识类的培训，可采用专题讲座、读书学习、专题讨论等方式；针对能力类和方法类的培训可采用观摩交流、情景模拟、角色扮演等方式。

另外，在程序性方法中，还特别应该设计好评价方法，其中过程性评价主要应该考虑围绕培训主题的阶段性任务的完成情况；终结性评价除了常规的出勤率、满意率等内容之外，主要应该评价培训目标的达成情况。

在评价中，应该更多采用量化的手段。

第三类是动力性方法。即要解决教师参加培训的积极性和主动性问题。这类方法可在培训的不同阶段，根据学员的参与情况采用不同的方法，并且总体来讲，这类方法应该注重体验式，如在培训开始阶段可采用以角色转变与班级建设为主旨的拓展训练，在培训进程中可采用以打破思维禁锢为主的心智模式改变训练。

三、主题式培训的实施策略

主题式培训的有效实施，既要有系统的设计，还要有指导性的策略。总体而言，我们可从方向性、自主性、转化性三个方面制定相应的策略。

1. 方向性策略

这是指导主题式培训有效实施的总体策略，主要从行为取向和关系取向来考虑。就前者而言，可采用学、研、行结合的策略；从后者来讲，则可采用研修共同体策略。

(1)学研行结合策略。即将培训过程中的学习、研究、实践紧密结合起来，其中学习和研究是培训的显性行为方式，实践既是贯穿培训全程的基础行为，更是学习、研究最终要实现的目标。在这个意义上，我们可以说，主题式培训就是在学校教育、教学实践的背景下，通过学习与研究，最终解决实践问题或生成实践策略的培训模式。

(2)研修共同体策略。即转变培训者与被培训者"教"与"学"的关系，代之以共同学习、共同研究、共同成长为目标的研修共同体。在这样的研修策略中，需要达成三个方面的共识：一是双方应该是一种任务型合作关系，即以培训任务为导向的合作研修关系；二是双方要有共同的价值追求，即要明确，培训是一项任务，但培训的过程则是双方通过共同研究主题背景下的学校实践问题，达到共同进步、共同成长的目的；三是培训始终在生态化研修场景中进行，即双方不只是在教室里理性地交流，更重要的是要走进学校，在实践中进行深入的学习与研究。

2. 自主性策略

自主性策略就是确立以学员为中心的指导思想，运用不同的手段，激发其学习的自主性，使之自觉自愿地投入主题的学习与研究之中。

(1)自主研习策略。主题的学习与研究需要在专家的引领下进行，但专家引领的目的是为学员提供自主学习、自主研究的线索。因此，自主研习策略应该包括自主学习与自主研究两类策略。

关于自主学习，美国纽约城市大学的 Zimmerman 教授归纳了三个特征：①强调元认知、动机和行为等方面的自我调节策略的运用；②强调自主学习是一种自我定向的反馈循环过程，认为自主学习者能够监控自己的学习方法或策略的效果，并根据这些反馈反复调整自己的学习活动；③强调自主学习者知道何时、如何使用某种特定的学习策略，或者做出合适的反应。① 因此，自主学习策略就是要激发教师根据自己的知识背景选择学习材料，并对自己的学习过程进行计划、监控、调整。

自主研究则是教师根据培训主题及成果的要求，结合自己所在学校的实际，选择自己的研究论题，并主动查阅文献，深入开展研究，最终形成基于本校实际的研究成果的过程。

(2)自我管理策略。即在培训过程中，积极发挥教师的自主性，从活动的设计、实施，到过程的感悟、总结，都由他们自己完成。自我管理策略不仅有助于调动教师的积极性，更重要地是有助于激活他们的思维，使其在培训过程中始终处于积极主动的状态。

3. 转化性策略

转化性策略要解决培训成果向实践成果的转化，这也是培训的核心追求。我们认为，通过转化性策略的实施，最终至少要实现三个转化：一是知识转化，即通过专家指导和自主学习，促进教师对主题相关理论与知识的理解，并内化到自己的知识系统之中，为教师的专业成长奠定良好的知识基础。二是心智转化，既包括教育观念的转变，也包括思维方式的转变，应该说，心智转化难度最大，但也是对教师成长影响最深远的方面。三是策略转化，主要是将培训所运用的策略和培训主题下的各种教育教学策略

---

① 珍妮特·沃斯，林佳豫. 自主学习的革命：《学习的革命》工具篇. 刘文译. 北京：中国友谊出版公司，2016

向教师教育教学实践迁移。

第三节　故事教学在教师培训中的运用

　　故事教学在各级各类教学活动中被广泛运用，它既可以激发学习者的学习兴趣，也可以通过更加深刻形象的方式阐释理论，起到"四两拨千斤"的作用。在教师培训中恰当地运用故事教学，也可以产生同样的效应。

一、故事及其特征

　　关于"故事"的内涵，《汉典》有六条释义，其中两条与本文所讲的故事直接相关，一条是"用作讲述的事情，凡有情节、有头有尾的皆称故事"；另一条是"文艺作品中用来体现主题的情节，故事梗概"。简言之，故事应该是有主题、有情节的叙事。台湾学者林曜圣综合了不同学者的观点后认为，对于故事我们可以从不同层面上进行理解：狭义的"故事"指的就是过去的事迹；广义的"故事"是将"故事"视为一些按时间顺序排列的事件之叙述，也就是说故事不仅可以叙述过去的事迹，也可以将现实生活中的事件作为材料；更广义的"故事"定义，除可延伸至现实生活的"写实故事"以外，还可以将"想象故事"作为故事的范畴，以虚构的情节来描述与建构故事。①西南大学硕士研究生张莉在其学位论文《故事教学模式探究》中也对故事的内涵做了比较好的综述，她认为，"故事是经由时间顺序和因果逻辑统整联系的事件，是人存在和反思、体验世界的一种重要方式，与人的心理活动过程和心理体验有较大的适应性"②。

　　关于故事的分类，张莉引述了国内外特别是我国大陆和台湾地区学者的观点，其中有吴鼎、林文宝、蔡尚志、周庆华、林曜圣等人的分类。在众多的分类中，笔者认为，林曜圣依据"故事来源"进行的分类具有更好的

---

　　①　林曜圣. "学校故事学"理论架构之探究. 教育学报，2012，8(6)

　　②　张莉. 故事教学模式探究. 西南大学硕士学位论文，2011

概括性。他将各类故事归纳为三大类，每类之下又包含了许多种：一是生活故事，此类为日常生活当中可见的故事，包括逸闻、新闻时事、周遭生活故事、个人经验、个人的观点、家庭故事、日记、组织的事迹等，以写实故事为主；二是文化故事，此类故事来自社会文化与习俗，包括民间故事、神话故事、历史故事、圣经故事、传说、传奇、网络流传的故事等，写实与想象故事均有；三是文学故事，此类故事纯粹为文学上所创作的故事，包括小说、童话、科幻故事等，以想象故事居多。①

根据这些研究，笔者将本书所涉及的"故事"界定为有主题、有情节的典型事件表达，表达方式可以是口头的，也可以是书面的，其类型除上述林曜圣的三类之外，还应该增加一类，即教育故事。这类故事是指发生在各类教育活动中的典型事件，既可以是写实的，也可以是虚构的。这四类故事，无论哪种类型，都具有一些共同的特点，正如有研究者所说的那样，"任何故事都包括一系列事件，某个或某些特定的人物，体现了人物的观点、信仰和意图，揭示了事件与这些观点、意图之间的关系"②。因此，笔者认为，任何故事都应该具有以下几个特点。

一是情境性。无论是真实的还是虚构的故事，通常都是在特定情境之下发生的。因此，情境性既包括了故事发生的大背景，如社会、经济、文化等宏观背景，也包括故事发生的特定时间、对象、场景等微观情境。二是情节性。即任何故事都有一个发生、变化的过程，过程中的起承转合形成了表达特定情感和事件深化的情节，并且每个故事通常都会由多个情节构成。三是典型性。任何故事都是由一系列情节组成来反映一个事件，而且这样的事件通常都具有典型性。

二、教师培训中故事教学的功能与意蕴

1. 故事在教师培训中的功能

Noonan 等人曾提出故事的四项要素：隐喻、意义、神话与记忆。他们

---

① 张莉. 故事教学模式探究. 西南大学硕士学位论文，2011
② 王珩. 教育故事研究. 浙江师范大学硕士学位论文，2005

认为，故事乃是运用隐喻加以成型，透过意义的分析来加以阐释，致力于以社会记忆作为重要目的的结果，并且将我们过去与现在的经验和未来的行动相联结。这四种要素影响了故事的构成、检索、取得以及诠释的方式。Parkin 在探讨故事与教育训练者的关系时，亦从隐喻、神话、寓意、记忆及潜意识，来分析故事与学习的关系。因而，有研究者认为，故事的最大功能在于通过叙说、阅读与理解，传递信念、价值、经验等，并重新赋予新的意义。①

根据故事的这样一些核心要素与基本功能的研究，笔者认为，将故事，特别是教育故事引入到教师培训活动中，具有如下几个方面的功能。

第一，有助于使培训更加有趣。有效的培训应该是有趣、有益、有用的，其中有趣是关键，直接影响着培训的效果与学员的参与程度。因为"在教学过程中，教师若能善用故事的特性与功能，对于学习兴趣与教学成效的增进将有所帮助"②。所谓有趣，就是培训要能调动起学员投入培训课堂的积极性，以极大的兴趣参与其中，不再是带着疲惫与无奈被动地听、被动地学，而是带着期待与好奇快乐地听、轻松地学。培训课堂中运用故事，是使培训变得有趣的有效方式，因为故事可以使理论变得有血有肉，使抽象变得形象。但培训课堂中运用故事增加培训的趣味性，一定要做到三个"避免"：一是避免用故事"抖包袱"，让培训变成嬉笑怒骂、耍贫嘴的江湖"杂耍"；二要避免用故事"填空白"，给培训课堂"注水"补白；三要避免用故事"搞忽悠"，即用故事掩盖培训者自己在专业研究上的不足与欠缺。因此，培训中运用故事，必须要做到与培训内容之间有机衔接，使故事成为培训内容必不可少的组成部分。

第二，有助于使培训更加"接地气"。如今，"接地气"似乎是人们谈论培训的一个"热词"，也是学员渴望、培训者追求的一种状态。其实，所谓"接地气"就是培训的内容与方式都要与一线学校和教师的实际紧密结合，并且能够为教师解决教育教学中的实际问题提供直接的策略与启示。因为

---

① 林曜圣. "学校故事学"理论架构之探究. 教育学报，2012，8(6)
② 王珩. 教育故事研究. 浙江师范大学硕士学位论文，2005

"成人的学习兴趣根植于他们个人的经历，以及他们是谁，能做什么和想做什么的观念"①；并且成人所学的内容大部分是实用的、技能导向的，是对完成日常工作任务、履行职责和改善绩效直接有用的学习内容，而不是学术性的。② 建构主义课程观也强调，"用情节真实复杂的故事呈现问题、营造问题解决的环境，以帮助学生在解决问题的过程中活化知识，变事实性知识为解决问题的工具；主张用产生于真实背景中的问题启动学生的思维，由此支撑并鼓励学生的学习"③。因此，运用故事，特别是教育故事，是使培训融入参训教师教育教学现实的有效方式。因为这些故事来源于生活实际或教育现场，不仅能够让学员产生亲切感，更能够使其产生身临其境的豁然感。

第三，有助于促进培训成果的转化。故事不管是正面的，还是负面的，通常都是解决特定问题或阐发某个原理的一个案例。故事能体现出当事人解决问题的思路与策略，以及决定事情成败的一些关键要素。因为故事所具有的这种与学员生活或教育场景之间的情境相似性，因此学员通过故事教学可以有效进行思路与策略上的迁移，实现培训内容的积极内化。这正如一些研究者所指出的那样："生动情境中包含的丰富信息刺激，能有效地激发联想、唤醒长时记忆中的相关经验，让学生利用原认知结构中的这些相关经验去'同化'或'顺应'新知识，以赋予其某种意义，并对原认知结构进行重组；此外，较复杂的情境会涉及一个问题的不同侧面，进而会帮助学习者对知识形成多角度的理解。"④换言之，这些"事件、境脉、感知到的信息，提供了外部元素（新信息），并激活了内部元素（存储的知识）。获得某种认识（比如对某个问题做出自己的回应），其实质就是学习者从一个先

---

① 库伯. 体验学习：让体验成为学习和发展的源泉. 上海：华东师范大学出版社，2008
② 雪伦·B. 梅里安等. 成人学习的综合研究与实践指导. 黄健译. 北京：中国人民大学出版社，2011
③ 曹艳，李红. 论故事情境教学的意义及实施应用. 现代教育科学，2012(3)
④ 雪伦·B. 梅里安等. 成人学习的综合研究与实践指导. 黄健译. 北京：中国人民大学出版社，2011

有的概念过渡到另一个更适合那个情境的概念"①。正是在这个意义上，我们认为，故事是促进被培训者学习转化的一种有效方式。

2. 故事教学的意蕴

研究者们对故事教学的内涵有各种不同的理解，张莉概括了故事在教学中应用的三种模式：一是把故事作为工具的教学活动，重在把故事作为其他教学模式的辅助策略；二是把故事当成教学内容的探究合作教学，重在把故事作为教学活动的素材，并根据需要设计多样化的拓展活动；三是强调教学过程故事化的故事教学，主张把教学过程设计成一个故事，强调学生对故事的情节感知、角色体验、立意思考和生活迁移。基于此，她对故事教学做了界定，认为"故事教学是一种理念，以一种故事的眼光来看待教学，它要求教师关注学生的学习生活和社会生活的关系，并首先把教学活动组织成由多个主题构成的具有多样情节和多元角色的故事延展过程，让学生情境性地体验、感悟，并得到冲击和启发，并在学习实践及其反思中不断丰富自己的情意和认知，完善自己的心智。相应地，实践形态的故事教学就是以特定主题为核心，以特定故事脉络为引导，开展探究和反思活动"②。台湾的叶镁凤则认为，故事教学的定义，系指在正式与非正式的学习活动中，引导者依照活动目标、纲要，透过各种形式——讲述、编演，用影片、电子教科书、故事朗诵带播放等方式导入，规划相关主题故事结构之活动，结合教学历程与故事内涵特性，以达成教育、教学之效能。③

当然，这些研究都是基于中小学教育教学进行的，针对的对象是中小学生，虽然与教师培训中的故事教学有许多共同之处，但后者因教师作为成人的一些不同特征，其内涵还是有许多特殊性的。据此，笔者认为教师培训中的故事教学，是指培训者依据培训目标，结合教学内容，运用故事开展的培训教学活动。在这样的教学活动中，故事的运用既是一种教学方

---

① 安德烈·焦尔当等. 变构模型——学习研究的新路径. 杭零译. 北京：教育科学出版社，2010
② 张莉. 故事教学模式探究. 西南大学硕士学位论文，2011
③ 林曜圣. "学校故事学"理论架构之探究. 教育学报，2012，8(6)

式，也是一种教学内容。从方式而言，故事的运用可以是辅助性的，也可以是案例式的，还可以是角色扮演式的；而从内容而言，故事在培训教学中发挥着重要的支撑性作用，可以使培训主题"抛锚"于故事所创设的情境之中，并使学员在融入故事的过程中轻松地完成培训内容的学习与转化。

三、故事教学的实施策略

无论哪种方式的故事教学，在教师培训活动的具体实施中，都需要运用好三个基本策略。

1. 故事选择

无论从培训方式的角度，还是从培训内容的角度，故事教学的首要环节都应该是选择合适的故事。笔者认为，在故事的选择上应该考虑两个方面的标准。

（1）必要性标准。

培训者首先要从培训内容与方式的设计上判断是否有运用故事的必要。如果有必要，那么选择故事就需要关注一些更进一步的要求：一是培训内容是否需要运用故事进行具体解析，通常在一些抽象理念或理论的培训中，可以选择故事对理念或理论进行具体形象的阐释，以加强学员对相关问题的理解；二是培训对象是否需要借助故事进行教学，通常对新手教师或成长中的教师，还有一些成就动机不够强或对教育教学认识不足的教师，因其教育教学经验积累还不足以有效理解培训内容，可以借助更多的故事进行教学，以帮助其更好地理解理论，并在理论与现实之间进行积极的衔接；三是培训方式上是否需要运用故事，当然案例式或角色扮演式的培训肯定是以故事为基础的，但如果是讲授式或演讲式的培训，特别是如果培训信息量较大或内容的逻辑推理要求较高，则需要根据内容和时间要求，适当运用故事，这样，一方面有助于学员更好地理解和消化培训内容，另一方面则有助于调节学员的注意力，以缓解学员因注意力高度集中所带来的心理疲劳。

（2）恰切性标准。

所选择的故事，无论是内容上的需要，还是方式上的需要，都应该恰当而有效。什么样的故事才能满足这样的要求呢？丁钢在讨论"叙事诠释的标准"时，认为一个好的"叙事"的标准应该是：①有没有生动的叙事？②有没有建立深度的叙事？③历史性和关系性的内涵是否充分？④过程性和交往性是否充分？⑤对于现象是否交代清楚？⑥与现象的前在理解是否关联？⑦结构是否连贯，是否包含理解？⑧叙事是否开放？王珩也在其学位论文中提出了一个好的教育故事的标准，包括主题鲜明、思想正确、意义深刻、情节生动、形象感人等。① 根据这样一些观点，结合本人在教师培训中选择故事的体会，笔者认为，故事选择的恰切性标准应该满足这样几个要求：一是背景清晰，即无论是虚构的还是真实的故事，宏观背景和微观条件都应该很明确，并且要有生活基础，是合理合情的；二是情节典型，即故事情节应该清晰明确，是典型事件的描述，而不是流水账式的过程记录；三是能产生共鸣，即故事与学员的生活现实或教育教学实际接近，能够引起学员的情感共鸣。

2. 故事呈现

故事呈现是培训教学活动中的重要环节，可根据培训设计要求采用不同的呈现方式。Loebbert从营造情节张力的角度提出了情节铺陈的步骤：序幕与主题，引入人物与主题，打结（紧张情节的开始），第一段剧情高潮，剧情的扩展，剧情继续攀向高峰、出现剧情转折，解答与结局。② 我们认为，从教师培训课堂来看，基本不需要如此精细地呈现一个故事，但至少应该确保故事的完整性和呈现的多样性。从完整性来讲，应该保证故事背景及重要情节的完整呈现；而从多样性来讲，则需要运用不同的故事呈现方式，一般来讲，可以有叙事呈现、文本呈现和视频呈现三种方式。当然这三种呈现方式都有其不同的运用条件。叙事呈现通常由培训者在授课过程中进行自然呈现，是教师授课内容的有机组成部分，应一气呵成；文本呈现和视频呈现则大多用于案例教学或课堂讨论，主要由学员自己阅读或观看，然后开展讨论交流。

---

① 王珩. 教育故事研究. 浙江师范大学硕士学位论文，2005

② 张莉. 故事教学模式探究. 西南大学硕士学位论文，2011

３．故事延伸

故事因其独具的特点，如果运用得当，在培训中除了前述的价值之外，还会产生一些特殊的效应，如帮助学员更加深刻地理解问题、让学员对培训内容记忆深刻、给学员今后的工作与生活提供有益的参照等。因此，培训者在培训设计与实施中既要有效选择与呈现故事，还要刻意对故事做一些延伸，以使故事教学取得更加深入的培训效果。故事延伸具体包括：一是要让学员以故事为案例就所学知识与技能进行分析反思，写出案例分析，以深化培训内容；二是要围绕故事所揭示的问题让学员写出自己身边的故事，以实现培训内容的转化或内化；三是要围绕故事所揭示的思想或原理让学员延伸阅读，以拓展培训的内容，促进学员更加深入地学习与研究。

第四节　教师培训沙龙的组织实施

培训沙龙现在已经成为各级各类培训普遍采用的一种方式，也是我们在教师培训中着力探索和实践的一种有效方式。那么教师培训沙龙如何合理设计和组织实施呢？

一、培训沙龙及其特点

沙龙，法语 Salon 的音译，是欧洲文艺复兴的产物，原意指"客厅""会客室"等，其引申意为自由、民主、和谐、平等。从沙龙最初的意义和作用而言，有研究者认为"这一制度乃是仁、爱、美、雅与秩序种种理想的具体化。在沙龙中，人们对于自制、自爱、理性讨论等所做的新努力表现得最为明显。它的创设使人与人之间有了最有效的理想交流的场所；而儒雅的态度亦开始在日常生活中生根了。温文有礼乃渐成为一切自重的人的责任，这一风气是中古武士社会所未曾有的"。可见，沙龙这样一种轻松、自由的活动组织形式，不仅传递了人们对理想、思想和学术的深度关切，更重要的是在一定程度上推动了文明的进步。正因此，人类文明史上的许多著名人物都因沙龙而受益，如马克思与柏林青年黑格尔派的博士俱乐部、爱因斯坦与"奥林匹亚学院"、马克斯·韦伯与"韦伯圈"等。我国将沙龙引进文化界以 20 世纪 30 年代林徽因的"太太客厅"影响最大，与之齐名的还有朱光潜的"读诗会"、西南联大的"十一学会"（或叫"士子学会"）等。①

现代学校教育中，特别是一些高校，广泛运用沙龙方式于教学或学术研讨，并形成了许多有影响的学术沙龙，如厦门大学潘懋元教授举办的"周末学术沙龙"、华东师范大学瞿葆奎教授为研究生举办的"学术星期六"等。②近年来，研究者们开始在中小学探索学术沙龙式的教学方法，同时在教师培训领域探索运用沙龙的方式。如有研究者提出了"学术沙龙式教学法"，认为它是在现代教学艺术理论指导下，采用太极模式的基本构想，将学术研讨的基本原则和学术沙龙的民主形式引入教学过程，使课堂系统三要素（教师、学生、教材和教学媒体）之间形成一种科学结构，以利于最大限度地发挥课堂系统教育功能的教学方法。③

我们认为，根据教师作为成人的学习特点和作为教育者的思维特点，将沙龙运用于教师培训，应该更有实践意义。也正因此，我们在长期的教师培训活动中，积极探索培训沙龙的方式。所谓培训沙龙，是指创设一种平等、民主的氛围，在专业人员的主持下，通过教师们就共同关心的问题进行有主题的深度交流与自由讨论，以达到相互启发、明晰问题、形成思路的目的的培训组织形式。这样一种培训形式，具有以下几个突出特点。

1. 共同兴趣的群体

培训沙龙不主张参加者对主题的认识一致，但要求大家对主题有共同的兴趣。这就是说，培训沙龙是由对特定话题具有共同兴趣的培训者和被培训者共同参与的活动，但共同兴趣并不意味着意见一致，而是参加者对同一主题都有不同的思考，并能在交流中形成观点交流或交锋。

2. 平等民主的氛围

严格地讲，参加沙龙者，无论是培训者，还是被培训者，均身份平等。

---

① 殷小平. 学术沙龙：精神之家与创新之源. 大学教育科学，2006(5)

② 罗尧成，朱永东. 学术沙龙：一种研究生教育课程实施形式. 学位与研究生教育，2006(4)

③ 崔含鼎. 学术沙龙式教学法实验. 高等工程教育研究，2006(6)

因此，大家在交流讨论中，只有观点与认识的差异，没有职务或职称的高低。这样一种平等民主的研讨氛围，是培训沙龙的重要特征，因为只有在这样的氛围中，参与者才能更加放松，更加自如地阐发自己的观点。

3. 专业人员的主持

培训沙龙最关键的角色是主持人，主持人选择的合适与否，是培训沙龙能否达到预期目的的重要环节。一般来讲，主持人应该由专业人员担任，且应该能够驾驭沙龙的整个过程。由此来看，主持人应该具备这样几个特点：一是较高的专业水准，即主持人必须在沙龙主题方面有较深入的研究与思考，且要有较高学术水准的研究成果；二是较灵活的思维能力，即主持人要具备善于倾听、积极思考的能力，能够恰当地调控讨论的话题与氛围；三是较强的概括总结能力，即主持人要能对讨论中的多种论点或认识进行适时的总结，引导大家进行更深入的讨论。

二、培训沙龙的类型

我们可以对培训沙龙从不同角度进行分类。笔者认为，按组织形式，培训沙龙可分为谈话式沙龙、论坛式沙龙、分享式沙龙；按主题，可分为经验交流沙龙、学术研究沙龙、问题讨论沙龙。

1. 谈话式沙龙

这类沙龙活动的环境设计更加生活化，可以在家庭的客厅，也可以在客厅式的接待室，还可以在茶馆、咖啡厅等，总体氛围比较随意，成员之间的距离更具亲近感。因此，在这样一种家庭式的氛围中，沙龙成员更加放松，能够比较轻松愉快地交流。比如，前述林徽因主办的"太太沙龙"就是在自己家的客厅举办的下午茶活动，据说她的"太太客厅"总是名流云集，朱光潜、梁宗岱、金岳霖等知名人士都是沙龙的常客。①

2. 论坛式沙龙

这种沙龙的环境设计较为正式，可以在小型学术报告厅，通常应该有发言席和听众席，听众席可以是宴会式，也可以是课桌式，以便于大家互

① 殷小平. 学术沙龙：精神之家与创新之源. 大学教育科学，2006(5)

相交流为宜。从此类沙龙的组织形式来看，应该是围绕沙龙主题进行若干个主发言，并围绕主发言的观点进行交流讨论。因此，大部分学术沙龙都采用这种形式。

3. 分享式沙龙

这类沙龙主要是对信息或成果的交流分享，其环境设计更加自由，可采用客厅式、会议室式、学术报告厅式，取决于讨论的话题，如果是信息交流分享，则可采用客厅式或会议室圆桌式；如果是正式的研究成果汇报交流，则可采用报告厅式。

4. 经验交流沙龙

这类沙龙的组织形式可以灵活多样，但交流的话题以教师的办学经验或管理经验为主。当然这种方式的经验交流沙龙，也可以有不同的形式，如可以是教师们坐在一起，就某些共同关注或感兴趣的话题进行自由交流；也可以围绕特定的主题，有准备地进行正式交流，如我们曾经举办的以"教学特色：辨析与反思"为主题的沙龙，便是以教师教学特色形成为核心话题的经验交流活动。

5. 学术研究沙龙

这类沙龙从组织形式上讲，是比较正式的沙龙活动，其主题通常以教师在某个方面的学术研究来确定，要求教师在沙龙上正式报告自己的研究成果，并与沙龙成员一起分享与讨论。此类沙龙较常见的是教师举办的课题成果汇报交流沙龙或报告会。在培训活动中，我们常举办的学术研究沙龙，主要是学员在培训中完成的研究成果汇报交流会。这类沙龙要求教师做研究成果的正式汇报，并与沙龙成员一起互动交流，同时请相关领域的学术专家进行进一步的点评指导。

6. 问题讨论沙龙

这类沙龙在组织形式上同样具有灵活多样的特征，但在主题设计上，更多关注教师在办学过程中的一些困惑或难点问题，重在围绕问题进行分析与讨论，以寻求解决问题的思路或办法。如我们曾经举办的以"学校如何有效开展心理健康教育"为主题的校长教师联合沙龙，就是围绕当前学校开展心理健康教育中遇到的一些难点问题，特别是心理教师在开展心理健康教育工作中遇到的问题，从校长和教师两个不同的视角进行交流讨论，一方面达到两者之间互通信息、互相理解的目的，另一方面在共同交流中寻求开展心理健康教育的有效途径与方式。

三、培训沙龙的"六环节"模型

教师培训沙龙的组织实施，需要解决好六个方面的问题。这六个问题也是教师培训沙龙必须要关注的六个重要环节，因此，我们也可称之为教师培训沙龙的"六环节"模型。

1. 生成主题

主题的确定是教师培训沙龙的核心。我们认为，主题的确定需要关注以下几个方面的问题。

第一，主题的来源。培训活动中的沙龙主题应该走逐步生成的路径，这样的路径包括三种类型：一类是根据培训主题生成的，通常都是在培训过程中，培训主题的某些难点问题引起了大家的共同关注，形成通过沙龙来明晰其内涵及策略的共识，从而生成沙龙主题；另一类是教师在培训过程中，带着办学中的问题进行学习与研究，从而生成大家共同关注的问题，而成为沙龙交流的主题；还有一类是教师在培训过程中，通过相互交流、考察学习等活动形成共性问题，从而生成沙龙主题。

第二，主题的解析。即把主题解析为培训沙龙可操作交流的具体概念与问题，总体要解决两个方面的问题：一是解析主题所涉及的核心概念，因为每一个沙龙主题都会涉及一定的核心概念，因此准确抽取主题的核心概念至关重要。一般来讲，在一个主题中，核心概念太多不宜聚焦交流讨论的话题，主题中的核心概念一定要少而准，原则上以一个或最多两个为宜，且如果要涉及两个以上的核心概念，就一定要明确两个概念之间的关系。如"绩效考核与教师发展动力"这个主题，就涉及"绩效考核"和"教师发展动力"两个核心概念。针对这个主题，既要明确这两个概念的核心内涵，又要讨论两者之间的关系，即从教师的工作实践来看，绩效工资改革在多大程度上促进了教师的发展，其中还存在什么问题等。二是要明晰通过这个主题的讨论要解决的核心问题，如前述"教学特色：辨析与反思"的主题，要解决的核心问题应该是对"教学特色"这个核心概念的内涵辨析，以及对教师教学特色形成进行从理论到实践的反思。

第三，确定主题应注意的问题。教师培训中，沙龙主题的确定应注意这样两个方面的问题：一是不宜把培训者研究的学术问题一厢情愿地作为沙龙主题，因为有些学术问题虽然与教师的教育教学实践直接相关，但或许还不能被教师很好地理解或接受，如果作为沙龙主题，就会出现因沙龙参与者认识上的不对称而无法进行交流研讨的情况。如我们曾经做过一个以"教学效能及其评价"为主题的沙龙，结果因为教师对"教学效能"概念在学习与认识上的不足，使得沙龙不能深入，甚至不能形成相互交流的状态。二是不宜把个别化问题作为沙龙主题，因为有些个别化的问题或许对某个教师或某几个教师有益，但不是大家普遍关注的问题，这样也无法形成大家能够相互交流讨论的局面。如某教师因学校所处位置是煤炭矿区，当地经济发达，家庭生活非常富裕，自己班上的学生普遍无学习动力。这样的问题大家或许会有兴趣为其出谋划策，但并不是参加者共同关注的问题，如果作为沙龙主题，可能会出现隔靴搔痒、浅谈辄止的状态。

2. 确定主持人

主持人是培训沙龙的关键角色，决定着沙龙的效果。一般来讲，沙龙主持人应该具备以下几个方面的能力。

第一，敏锐的思维能力。这是主持人的核心能力，应该具备三个特征：一是建构性，即主持人应该能够随着沙龙的深入推进对问题进行系统思考，生成能够引导大家深入讨论交流的深层问题；二是逻辑性，即主持人要有清晰的逻辑思维，能够将讨论交流的话题理出逻辑联系，使得沙龙参与者既能够自由表达观点和认识，又能围绕一定的逻辑体系进行相对集中的讨论，形成形散神不散的局面；三是批判性，即主持人不能人云亦云地附和发言者的观点，而应该对各种观点提出认识的不同视角，以引导参加者深入反思讨论的话题。

第二，准确的语言表达能力。语言表达是主持人须具备的关键能力，同样应该具有三个特征：一是简洁性，主持人虽不是沙龙的主角，但却是沙龙不可缺少的重要角色，发挥着引导进程、聚焦话题、现场补白的作用，因此，主持人语言一定要简明扼要，起到纽带的作用，但要避免出现喧宾夺主的状况；二是准确性，主持人要能用准确的语言引导交流讨论，并具有适度的幽默感，但一定要避免烦琐的论述和不着边际的插科打诨；三是逻辑性，主持人的语言要层次清晰，符合沙龙交流研讨的逻辑进程。

第三，灵活的现场应变能力。主持人作为沙龙的引导者和促进者，需具备灵活处置应急事件的能力。主持人的应变力主要体现在两个方面：一是对创新观点或智慧灵感的捕捉能力，要能及时抓住交流中的闪光点，引导深入讨论并凸显其智慧光芒；二是对突发事件的处置能力，如沙龙过程中突然停电而无法播放课件，交锋双方升级的、带有情绪的激烈争论等，主持人都应该能够做出恰当的处理。

3. 拟定提纲

培训沙龙的主题确定后，要组织拟定相关提纲。总体来讲，应该围绕主题拟定两种提纲：一种是交流讨论的话题提纲。这种提纲主要围绕沙龙主题解析出的讨论话题，由一系列问题构成。话题提纲既要有内在逻辑性，体现出通过一系列话题讨论如何达到主题所要求的目标；还要有突出的重点，因为话题所列出的一定是主题所涉及的关键问题，这些问题的交流讨论有助于深入解析和理解主题。同时，话题提纲还有一个重要作用，就是能够在沙龙实施过程中，随时提示主持人讨论的逻辑进程。另一种是主要发言者的发言提纲。这种提纲是发言者用于沙龙交流的发言提纲，要能够逻辑清晰、简明扼要地呈现出发言的主要思路及其基本逻辑。培训沙龙应尽量要求发言者以提纲为基础发言，而不是念发言稿，这样可以使沙龙的亲近感更强，也有助于调动参加者参与讨论的积极性。同时，依照提纲进行发言，也是使发言者能更好地理解话题，并将之融会贯通的有效方式。

4. 准备发言

准备发言是决定能否做好主题发言的重要环节，要求发言者做到：第一，拟定好发言提纲，具体要求已如上所述。第二，设计好发言结构体系，即解决好如何有效发言的问题。对此，发言者应该设计好几个关键点，其中包括：一是切入点，即发言如何开场，一般来讲，在有限时间内的发言，良好的开场是成功的关键，因此，开场需做到简洁不烦琐、幽默不流俗，能引起参加者愿意继续倾听的兴趣；二是论证点，即发言中除基本观点的阐述外，还有哪些主要观点要做论证，必须要有清晰的设计，且在一次发言中不宜涉及过多观点，以避免发言过散而使听者不知所云；三是启示点，即发言结束时要对主要观点做总结，特别要做出对沙龙参加者具有启示或需进一步思考的问题的总结。第三，准备好发言素材。为了更准确地表达自己的观点，发言者要事先对发言中支撑性的素材做好必要的准备，特别是一些研究数据、研究结论等，一定要做到准确、有依据。另外，一些重要的素材最好能通过投影呈现，以方便参加者准确获取信息。

5. 组织实施

培训沙龙的组织实施是实现前四个环节的综合过程，主要应该处理好这样几个方面的问题：一是参加者座位的合理分配，无论是哪种类型的沙龙，为了让每个参加者都能参与到交流研讨之中，组织者事先都要认真分析参加者的特征，在安排座位时尽量能将积极参与者和不善发言者相互交叉，以避免在沙龙交流中有交流"死角"；二是根据教师和专家等参加者相互之间的熟悉程度，考虑是否安排座位名签，确保大家在相互交流讨论中能直接称呼对方的名字，以增加相互之间对话的亲近感；三是主持人要尽量活跃气氛，以轻松的方式开始沙龙；四是尽量给参加者提供主要发言者的发言提纲和可公开的重要素材，以便于讨论能更加深入；五是沙龙结束前要以参加者谈感想的方式，做必要的总结，以引导教师们更深入地思考和研究与主题相关的问题。

6. 反思总结

因为培训沙龙是教师培训中综合运用研究、交流、讨论等方式的一种培训形式，所以，沙龙结束后，一定要对教师提出明确的任务，对沙龙所研讨交流的问题进行进一步的思考与研究，写出沙龙的反思总结。沙龙总结不应该是流水账式的过程性记录，参加者应该在简要总结沙龙过程的基础上，写出由三个部分组成的总结。这三个部分一是沙龙概况，简要介绍自己对沙龙的感受；二是沙龙引发的思考，要详细阐述沙龙引发自己思考的问题，以及沙龙结束后对这些问题的进一步研究与反思，这也是反思总结的主要内容；三是对自己的启示，主要阐述通过对沙龙研讨交流问题的深入思考而产生的对自己教育教学工作的启示。

第五节　校本培训的设计与反思

　　学术界较多的观点认为校本培训产生于 20 世纪 70 年代的英国和美国，其起因是传统的"以大学为本的教师教育"模式出现了越来越多的问题。正是在这样的背景下，人们开始将焦点从原有的"以课程为中心"的大学讲堂内的教师在职进修，转向"在教师、学校以及校外教师进修机构之间建立一种新的、更亲密的伙伴关系，发展出一种合作解决问题的在职进修新体系，强化以中小学为基地的教师培训"。[①] 正如发表于 1972 年的《詹姆斯报告》所倡导的那样：要从培养、任用、进修三个阶段来重构教师教育体系，其中在职进修是关键。在职进修应始于培训……每一所学校都应将其教师的继续培训视为其任务的一个必要部分，学校的每一位成员都要对此负起责任。[②] 这一思潮引起了全球性的中小学教师培训观念的深层次转变，并在 20 世纪 90 年代传入我国。1999 年教育部启动了"面向 21 世纪中小学教师继续教育工程"的国家级科研课题，其中"校本培训实验研究"由湖北省十堰市牵头，在四川、广西、山东、浙江、陕西等地的国家级实验区开展了长达五年的实验研究，最终形成了"三型十环"的校本培训模式及一系列研究成果。[③] 该项实验研究的推动可以说是我国中小学教师校本培训的一次高潮。近年来，随着我国中小学教师全员培训的常态化和规范化，如何有效解决

---

①　郑百伟等. 教师继续教育模式研究与探索. 北京：中国人民大学出版社，2009
②　于建川. 国外教师校本培训经验及其启示. 华东师范大学硕士学位论文，2003
③　刘堤仿. 教师校本培训学. 杭州：浙江大学出版社，2004

教师培训中日益尖锐的工学矛盾，如何进一步提高培训的针对性，以更好地满足不同层次教师专业发展的需要，已成为人们越来越关注的问题。在这样的背景之下，校本培训无疑是解决矛盾的重要途径之一。

一、校本培训的内涵与特点

校本培训的概念在学术界至今没有形成统一的定义。对概念的不同认识，从 21 世纪初就有众多研究者做过梳理，并在综合大家观点的基础上，形成了三点共识。这三点共识以郑金洲对英文"school-based"（即我们通常所说的"校本"）的解释为基础，即一是为了学校，二是在学校中，三是基于学校。"为了学校"，指要以改进学校实践、解决学校所面临的问题为指向；"在学校中"，即学校自身的问题，要经由学校校长、教师的共同探讨、分析来解决，所形成的解决问题的诸种方案要在学校加以有效实施；"基于学校"，指要从学校的实际出发，所组织的各种培训、所展开的各类研究、所设计的各门课程等，都应充分考虑学校的实际，挖掘学校所存在的种种潜力，让学校资源被更充分地利用起来。①

总体来讲，这三点总结的确很符合我们的语言习惯，而且简单明了便于记忆，但如果仔细推敲，我们就会发现这三点并没有厘清"校本"的核心，因为其指向并没有体现出清晰的界限。其实，"校本"这个译自英文的术语，无论是"以校为本"，还是"基于学校"或"以学校为基础"，都是指向中小学校本培训的三个核心因素，这便是"人""场""题"。

"人"，即培训者与被培训者，或者说，培训的主体与对象。培训的主体可以是本校教师，也可以是校外专家或教师，但培训的对象则一定是本校教师。"场"，即培训发生的场地，应该说，校本培训的场地以本校为主，但有时也可以视培训内容的不同而发生在培训机构或其他必要的场合。如在拓展训练场地开展的本校教师的拓展训练活动，学校组织在异地或其他培训机构开展的针对本校教师的专题培训等。"题"，即培训的主题，或培训中要解决的问题，这些一定应该是本校在教育教学中遇到的问题，一定

---

① 郑金洲. 走向"校本". 教育理论与实践，2000(6)

是促进本校教师专业发展的针对性很强的问题。因此，人、场、题的统一与融合，是校本培训的核心内涵。

那么，这样的统一与融合由谁来主导呢？对此，我们可以从区分当前我国存在的国家级培训、省（市/自治区）级培训、区（地/县）级培训和校本培训入手进行分析。我们认为，这四级培训的根本区别在于其主导者的不同，并且正因为主导者不同，各级培训要针对的对象和要解决的问题也不同，换言之，各级培训的对象和内容都是不同的。根据形式逻辑关于外延与内涵的关系，外延越大、内涵越小，外延越小、内涵越大。由此而论，级别越高的培训，其涵盖的对象越多，而通过培训要解决的共性问题则越少；反之，越基层的培训，其对象越集中，面对的共性问题也越多，培训的针对性也会越强。因此，从这个意义上讲，校本培训的适应性和针对性最强，也最容易建立起通过培训促进教师专业发展的长效机制，同时，也是教师获得实践智慧的重要途径。这正如香港学者徐碧美在其著作中所说的那样：教师"所具有的独特知识有个人性、实践性和情境性的特点。他们获得的知识与其具体工作环境之间存在一种辩证关系。也就是说，一方面，教师的知识是从他们对工作环境的回应中获得的；另一方面，他们对工作环境的回应方式亦是他们的工作环境的一部分，从而影响他们获得知识"①。

综上所述，笔者认为，在大家都没有形成共同定义的背景下，我们似乎暂时没有必要为定义而争论不休，而应该立足校本培训的四个关键点来全面推进工作，并在实践中逐步寻求共识。这四个关键点，一是培训主导者，即学校应建立以教师为核心的校本培训领导与管理团队，全面负责校本培训的设计与组织实施；二是培训对象，即校本培训的对象是本校全体教师，但培训应做到更精准的分层、分类、分岗，应能够满足教师促进工作与专业发展的双重目标；三是培训主题，即校本培训的主题必须充分体现本校的问题和本校教师的需要；四是培训场景，即校本培训要以本校为主培训场，同时根据培训需要充分整合和利用相关培训场景。

---

① 徐碧美. 追求卓越——教师专业发展案例研究. 北京：人民教育出版社，2003

二、校本培训实施方案设计的核心要素

校本培训应该包括三个层面的设计：一是学校层面的总体规划，可以按三年或五年进行规划，但应该有分年度的目标与任务；二是学科、年级或业务领域的学年度计划，应该明确时间、主题、课程/活动、师资等内容；三是特定主题培训的实施方案。这里我们主要从以下六个要素谈主题性校本培训实施方案的设计。

1. 主题

（1）主题的生成。

校本培训主题的生成应立足校情，针对三个方面的情况综合分析确定。第一是教育发展的形势与动态分析，即根据国家和地方教育发展的总体形势与任务要求，结合本校落实政策过程中的困难与问题，确定校本培训的主题。如新课程实施过程中，学生的综合素质评价如何操作，本校在操作过程中出现了哪些问题，如何更好地推动与改进。第二是学校教育教学发展中出现的难点与焦点问题分析，如某城乡结合部的学校，针对外地生源急骤增加、学生相互融合困难的问题开展的通过团体心理辅导促进学生相互融合的班主任工作系列培训。第三是本校教师在教育教学中遇到的实际问题与专业发展要求等的分析，这个方面的分析应该是生成培训主题的基础，也是校本培训应该重点解决的问题。通过这三个方面的分析确定培训主题的同时，也要明确该主题之下的培训对象，即是涉及全校教师，还是针对某个学科或发展水平的教师进行培训。

（2）主题的解析。

所要培训的问题理清后，主题基本就明确了，但这个主题之下，应该重点解决什么问题，就需要对主题的核心概念进行解析，比如前述对班主任进行团体心理辅导，以促进学生相互融合的培训，其核心概念应该涉及团体心理辅导和学生心理融合，具体而言，就是要通过对班主任进行团体心理辅导理论与方法的培训，使其能有效促进来自不同地域的学生的心理融合。因此，在课程设计时，就要考虑到两个核心概念所涉及的内容。概念解析的目的是为课程设计服务，因为如果培训主题的核心概念不能操作

化，我们就无法使其转化为具体的培训课程或活动，当然也就无法达成培训的目标。在这个意义上讲，培训主题的解析，既是衡量主题是否合适的关键，也是衡量培训能否取得预期效果的关键。

（3）主题的表述。

主题的核心概念确定后，就涉及如何有效地对主题进行呈现，这也是许多培训项目的设计者遇到的困惑之一。一般来讲，主题的表述需要关注两个方面的问题：一是主题的表述规范，或者说是主题表述的基本要求。通常主题的表述应该简洁、明了，直奔核心问题，尽量少用修饰语、比喻和否定的陈述，字数不超过 20 字。二是主题的表述方式，即主题应以什么样的句式呈现。通常主题的呈现方式可以用肯定式的陈述句，且其中涉及的核心概念应尽量控制在两个以内，以免关键词过多而无法理清其相互关系，如"建构主义学习理论与课堂教学实践"；还可以用正向的疑问句，如"如何有效开展学生综合素质评价？"或者是概念式，但这种表述方式通常都会用一个副标题来做进一步表述，如"课堂时间管理——提高教师课堂教学有效性的策略与艺术"。

2. 目标

培训目标的确定要避免大而空，避免原则性的语言。一个好的培训项目，其目标须具备三个基本特点：第一，要具有适切性，即要明确体现出对象的适切性和问题的适切性，具体而言就是要体现出特定培训对象在培训主题方面应该达到的问题解决的程度，这样的程度通常可以有四个水平，即了解、理解、掌握、运用，简言之，就是知、懂、会、用。第二，要具有可操作性，即要明确实现目标的手段与途径，通常可以用"通过……方式或途径"这样的表述方式。第三，要具有导向性，即要体现出通过这样一个目标的实现，促进被培训者产生新的思考或新的行动。目标的表述一定要语言简练，逻辑清晰，避免做过多的解释。

3. 课程/活动

一个校本培训主题的完成通常不是一次培训就可以达到的，而是需要通过一系列课程或活动才能最终达成。当然，培训课程与学历教育的课程也具有完全不同的意义或形态，因为后者注重课程体系的完整呈现，一门课程需要若干课时才能完成；而前者则更加简洁，关注点不是课程的逻辑体系，而是直接解决教育教学问题的理论解读与操作方法，其时间则可长可短。换言之，如果从其价值体现来讲，前者关注课程的工具理性，后者则关注课程的价值理性。在这个意义上讲，校本培训的课程或活动设计，无论是讲授式课程，还是活动式课程，抑或其他不同形式的课程，其目的主要体现在三个方面，即解决问题、引发思考、促进发展。

4. 师资

主题、目标、课程确定后，培训能否取得预期的效果，则完全取决于师资。校本培训的师资配备应该体现充分的开放性，应该做到校内外师资相结合、理论专家与实践专家相结合。根据这样的原则，校本培训在选拔师资时应关注四个方面的背景情况：一是学术背景，即培训师资应该是主题所涉及领域的专家，并且应该与中小学有长期的联系，对中小学的教育教学有指导或有相应的改革实验，因此，要对其学术成果或在本领域内的教学情况进行具体了解；二是实践背景，即所选拔的实践专家应该在中小学对培训所涉及领域有长期的实践经验，可以是本校或其他中小学资深的领导或教师，并且最好有在相关领域的实践经验和理性思考或研究；三是社会影响力，即培训师资的研究成果或教学实践应该在本领域内有良好的声誉和积极的影响；四是教学艺术，即所选拔的师资不仅应该是本领域的理论或实践专家，还应该在教师培训方面有良好的教学技能，能够有效设计并驾驭培训课堂或培训活动。

5. 成果

成果是检验培训效果的重要内容。好的培训成果，能够起到对参训教师培训收获的固化、升华和转化的作用。因此，在校本培训成果的设计上，应关注三个方面的要点。

一是形式要多样，即成果形式要多样化。

在成果类型上，可以按照必要成果和可选成果进行设计，其中必要成果是所有参训教师都必须要完成的，而可选成果则是教师在有余力的条件下可选做的。这样的设计可以满足不同自我成长需求教师的要求。在成果形式上，既可以是研究论文、教学或活动设计、案例分析，也可以是工作或教学改进方案、培训反思、培训感悟，还可以是对自己在相关领域教育教学经验的理性总结、创新思考等，但无论要求什么样的成果形式，学校都应该要求或建议每位教师养成做培训反思日记的习惯，并且要对培训全程或某些关键环节或内容做具有一定学术含量的反思总结，以达到更有效地强化培训效果的目的。

二是要求要具体，即对参训教师要完成的培训成果，应该从文体、呈现形式、字数到完成时间、评价标准等方面提出明确要求，并且要有专人负责成果的收集与整理。

三是要有交流分享，即培训完成、成果形成后，一定要通过不同的方式进行交流与分享，这样才能进一步促进参训教师将培训成果转化为自己的教育教学行为，也才能进一步升华自己对培训主题所涉及内容的理解与思考。

6.评价

校本培训的评价是衡量培训是否达到了预期目标的重要方式。总体来讲，评价包括两个方面：其一是对校本培训本身的评价，主要包括培训设计的合理性，培训课程、师资、方式的适切性，培训组织管理的规范性等；其二是对参训教师是否达到了预期目标的评价，可通过前后测的方式进行评价，或通过参训教师的总结反思进行评价。校本培训的评价需要关注三个方面的问题。

（1）标准明确。

校本培训评价必须有明确的标准，或者说要有明确的评价指标。评价标准的确定可按上述两个方面进行设计。从校本培训本身而言，主要评价参训教师对培训的满意度。但因各学校校本培训的情况不同，满意度的具体指标应该有所不同，但总体来讲，可从培训主题、培训目标、培训课程、培训师资、培训方式、培训成果和组织管理等方面进行评价指标设计。就参训教师是否达到预期目标而言，主要评价其掌握度和提升度，前者主要是参训教师对所培训内容的掌握情况，或者说是否达到了培训预期目标的情况；后者则主要评价教师通过培训，是否对主题相关问题有了更深入的认识，是否对自己的教育教学行为产生了影响。掌握度通过前后测即可以评价，提升度则需要通过教师的课堂教学或相应的教育工作进行评价。在一般的培训活动中，提升度有较长的滞后性，因为需要参训教师回到学校教育教学场景中才能得到评价，但在校本培训中，培训以行动学习的方式为主，提升度能够在培训过程中就得到一定程度的验证。

（2）方式多元。

校本培训的评价同样可以通过多元化的方式进行。从评价主体而言，可以通过参训教师、培训组织者、第三方或专家组联合评价；从评价方式而言，则可以采用问卷、访谈、听课或活动观摩等方式进行评价。但因为校本培训是学校的常规培训活动，不见得每项培训都要如此复杂，学校可以根据实际情况采用相应的评价行为。当然无论如何评价，都必须在培训准备阶段做出相应的设计。

（3）及时反馈。

评价的目的，从学校本身来讲，意在加强校本培训的规范性，提高校本培训的专业化水平；从参训教师来讲，则在于及时发现不足，以寻求更有效的改进与提高。因此，学校对评价结果及时进行反馈，对改进培训，促进教师的发展具有非常重要的意义，在一定程度上讲，也是对培训效果的进一步加强。

三、校本培训相关问题的进一步思考

综合前文有关培训核心目标的讨论和本节有关校本培训核心问题的梳理，我们可以得出这样的结论：教师培训的根本目的是促进教师的发展，促进教师发展的关键是激发教师自主学习的动力与行动，而通过培训激发教师自主发展的动力与行动的最佳途径则应该是校本培训。因为校本培训是立足于教师所在学校的场景、理念与问题的培训，能够更直接地将学校的办学思想、价值导向落实于教师，解决教师在教育教学中的具体问题，满足教师成长发展的个性化需求。因此，准确地讲，校本培训不应该拘泥于一招一式的活动设计，也没必要纠结于校本培训、校本研修、校本教研、校本研究等这样一些概念的区分，而应该立足于学校整体的实践场，将这

些模糊不清的概念统一视为促进教师发展的校本手段，使校本培训从已有的模式和框架中突围出来，通过灵活多样的形式，更有效地体现学校的价值导向、激发教师的学习动力、促进教师的个性化发展，进而促进全体教师的共同成长。因此，校本培训除了上述所讨论的一系列核心问题之外，还应该承载一些意义更加深远的使命。

1. 校本培训要积极推动学校价值观的传播

价值观是学校文化的核心。美国管理学者彼得森等人认为："文化就是人们在一块儿工作、解决问题、面临挑战时，随着时间的推移而建立起来的规范、价值观、信念、传统和仪式。"许多学者也都将价值观置于学校文化构成要素的首位。针对学校的价值观，有学者提出将其分为目的性价值观和工具性价值观；还有学者认为价值观体系包括了世界观、社会观和人生观三个部分。[1] 由此来看，作为植根于学校文化土壤的校本培训，发挥着教职工对学校价值观理解与认同的重要作用。笔者认为，校本培训至少在三个方面推动着学校的价值传播。

一是教育思想。这是学校对教育的认识、理解与追求，是学校发展的方向和目标。体现学校教育思想的各种理念必须要通过校本培训让教师理解、认同，并渗透到其教育教学行为之中，否则它只能停留在口号阶段，或者仅仅只是教师的个人愿望。

二是职业规范。这既是学校教育思想的具体化，也是一个教师之所以为师者的行为要求。它既代表学校的形象，也标志着学校的层次与水平。校本培训至少应该从两个大的方面来加强教师职业规范的训练，第一是日常规范，涉及言行举止、衣着打扮、人际沟通、审美情趣等；第二是专业规范，涉及板书、写作、表达、组织管理、心理疏导、学习指导等。

三是文化素养。良好的文化素养是教师必备的基本素质。一所学校是否为提高教师的文化素养而给予强有力的引导和支持，无疑也是其价值追求的重要内容。因此，学校应该通过校本培训，促进教师积极阅读，以丰

---

① 　P. E. Snowden, R. A. Gorton. 学校领导与管理(第六版). 李敏，杨全印译. 上海：华东师范大学出版社，2008

富其文化知识，提升其文化素养。

2. 校本培训要能够激发教师学习的动力

校本培训是在特定学校的实践情景中开展的促进教师发展的专业活动，因此，它具有"强场"效应。研究"场"论的心理学家们认为，人的一切行为都发生于人与特定环境的相互作用，而这样的相互作用就构成了具有能量的行为"场"，并且这样的"场"本身具有动力作用。① 校本培训便是这样的动力"场"，能够激发教师主动自觉的学习、研究与成长。这个动力"场"主要体现在三个方面。

一是同事"场"。校本培训通常都是同事在一起开展的学习与研讨。同事之间有着共同的文化背景、共同的校园行为规范和共同的学生等，相互之间容易产生至少两种动力行为，一种是相互帮助的支持行为，另一种是相互竞争的紧张行为。应该说，无论哪种行为，只要适度，对教师的学习都具有动力作用。

二是问题"场"。校本培训中研讨的问题，无论是共性问题，还是个性化问题，都来自大家熟知的背景，在研究解决策略的过程中，大家可以彼此贡献更有借鉴意义的经验。因此，在这样的问题"场"中相互研讨交流，每位教师都会更轻松，更有安全感。当然，教师在这样的场景中解决问题，也会因为相互都很熟悉而容易产生思维的禁锢，导致难以突破现有的经验。正因此，校本培训中专家的指导与引领就显得非常必要。

三是实践"场"。校本培训还有一个最大的优势，就是所有学习、研究的问题或形成的成果都会随时在教师自己的课堂中产生并实践，可以做到及时检验，及时修正。因此，可以说，校本培训是实现培训成果转化的最有效的方式，并且在这样的实践场中，还可以随时得到同伴的支持和帮助。

基于这样的认识，笔者认为，校本培训可以更好地激发教师的学习动力，并能够很好地将学习、研究和实践融为一体，付诸行动。

---

① 罗伊·马丁纳. 改变从心开始：学会情绪平衡的方法. 胡因梦译. 昆明：云南人民出版社，2007；库尔特·勒温. 拓扑心理学原理. 高觉敷译. 北京：商务印书馆，2003

3. 校本培训要有利于各类成果的生成

校本培训可以贯穿于学校教育教学的各个环节，实现时时是培训、事事是培训的目标。因此，通过校本培训，学校不仅可以进一步深化培训，促进培训成果的生成，更重要的是可以养成教师良好的学习研究习惯。校本培训促进成果生成的方式多种多样，主要有以下几种。

一是反思日志。学者们认为，教学反思应该成为教师教育的重要组成部分；还认为教育教学反思是促进教师专业成长的有效手段。因此，促进教师反思自己的教育教学工作可以作为校本培训的有效方式之一，并且学校要求教师坚持写教学反思日志，既是有效的培训，更是养成教师良好反思习惯的手段。学校在校本培训中，可以对教师写反思日志提出必要的要求，并适时组织交流活动，以起到促进反思和共享思想的作用。

二是生成课程。立足于课程和课堂是校本培训的核心策略。学校一方面可以组织教师通过专家指导下的听评课生成许多优质课；另一方面则可以结合学科教学实践、综合实践活动和校本课程促进教师研发课程，生成丰富的课程资源。

三是固化成果。校本培训中，通过教学问题研究、课程资源生成、教育教学反思、案例或课例生成等方式，教师可以形成许多固化的研究成果。学校可以组织专家对教师的成果进行专业指导，并适时组织研讨交流。而这样的一些专业活动则又是更深度的培训。

总之，我们要传递的想法并不是校本培训的"招"与"术"，而是倡导校本培训的观念转变，即校本培训不应该拘泥于概念和流程的辨析与固化，而应该持一种大培训观，学校应该将促进教师学习与专业成长的活动皆纳入校本培训的范畴，从专业的视角，以专业的精神，促进教师深度"卷入"丰富多彩的培训场，并最终转化成为教师成长发展的自驱力。

第四章　教师培训的质量管理

质量是一个永恒的话题，教师培训质量更是确保培训实效性的重要任务。正因此，培训质量管理问题受到了各方的高度关注，2012 年颁布的《国务院关于加强教师队伍建设的意见》就专门有一条谈到提高教师培养质量的问题。我们重点从培训成果转化和质量管理体系两个方面来探讨。

第一节　教师培训成果的转化方式

柯克帕特里克的培训评估模型包括反应层、学习层、行为层、改进层四个层面的培训效果，前两个层次都是对培训本身效果的直接反应，即反应层是学员对培训的喜好程度，学习层是学员获得的知识、技能与态度改变的状况，但是，"如果参训学员不通过一些行为改变将所学的知识和技能应用到工作中，培训本身的价值就会变得非常小"①。那么如何促进参训学员将所学知识应用到自己的工作中呢？这就需要研究如何促进学员将培训中所获得的知识技能转化为自己内在的知识与技能。当然促进培训成果转化的方式很多，笔者只从自主式写作的角度做些探讨。

---

① 詹姆斯·唐纳德·柯克帕特里克，温迪·凯塞·柯克帕特里克. 柯氏评估的过去和现在：未来的坚实基础. 崔连斌，胡丽译. 南京：江苏人民出版社. 2012

一、自主式写作的内涵

教师培训中的自主式写作，是指教师在培训过程中，围绕培训主题开展的自由写作活动。它区别于命题作业成果，是教师边学习、边实践、边反思、边写作的成果，既是培训过程的逐步深化，也是培训成果的主动转化。这种写作方式需要关注这样两个核心问题：第一，必须是自主式的写作，这种写作不是培训中的规定动作，而是教师自觉自愿，由教师自己决定写什么、如何写、何时写；第二，必须围绕培训主题写作，培训中的自主写作不是随心所欲地写，而是始终围绕培训主题，是对主题更深层的理解和思考，但写作的体裁、风格等可以由教师自己决定。

二、自主式写作的类型与特点

如果抛开学院派的学术研究论文与著作，教师在培训中进行的自主式主题写作文章，特指教师将自己对教育教学实践的经验总结、问题研究和理论思考，按一定的逻辑体系撰写的论文或文章。这类文章通常都直接来源于教师的教育教学实践，是教育教学工作的深度思考，也是教育教学经验的理性总结或理论提升。

1. 类型

根据文章所涉及的内容，可将教师撰写的此类文章大致分为以下四种。

(1)经验总结类。这是教师撰写的文章中比较多见的类型，主要是总结自己的教育教学经验。通常这类文章又可分为两种：一种是全面经验总结，主要是系统总结教师自己的教育教学经验或站在历史的视角全面总结教师所在学校的教育教学经验，重在关注教育教学经验的整体建构与实践，带有全局性和全面性，如有一篇以《快乐教育：在坚守中超越》为题的文章，重点阐述该校如何开展"快乐教育"的做法，就属于对教师所在学校教育教学经验的全面总结。但这种文章容易出现大而全、重点不突出、空泛等问题，缺乏可读性。另一种是重点经验总结，这种文章比较多见，教师写起来也比较容易驾驭，主要就教育教学过程中的某个方面或某个做法进行挖掘总结，关注对自己教育教学产生了重要影响的某个点或局部的做法或措施，重在体现自己的教育教学特色。但教师写这类文章容易出现的问题是，过多地交代背景而淹没了主题，有时也会产生点上的问题过于放大而掩盖了全局。因此，如何处理好点与面的关系是这类文章的关键。

（2）问题解决类。这类文章的重点是解决教师在教育教学中遇到的问题，一般也可分为两种：一种是经验型，类似于重点经验总结，只是其侧重点在于对某个问题的分析与解决。另一种是思考型，即教师针对教育教学中的某些问题进行的思考。这类文章虽然建立在教师教育教学经验的基础之上，但并不是已有经验的总结，而是依据经验与反思提出的解决问题的设想或建议。

（3）理论研究类。这是一种难度很大，要求也很高的文章，重点在于建立教育教学的理论体系或理论模型。一般来讲，理论研究性的文章也可有两种类型：一种是理论建构与总结型，通常是教师在教育教学实践中形成了自己的理论体系，并在自己的教育教学活动中得到了很好的落实。这类文章是教师理论探索的总结，带有原创性。另一种是理论解释型，这类文章一般是教师将自己的教育教学实践或经验，以某种理论为依据进行理论解释与反思。

（4）感悟随笔类。这也是教师撰写的文章中比较多见的类型，通常都包括读书心得、触景生情的感想、教育教学工作反思等，其特点一般都是一事一议、短小精悍。如有位教师针对流行的"推门听课"写了一篇随笔，题目是《推门听课也要先"敲"门》，就"推门听课"如何体现对教师的尊重阐发了自己的认识。

2. 特点

根据自主式写作的内涵和类型，教师撰写文章时，要把握以下几个特点。

（1）自觉性。自主写作是新课程标准的重要理念。有研究者认为，"由传统的功利写作到语文新课程的自主写作，体现了写作理念的重大解放。……所谓自主写作就是学生用自己的眼睛去观察周围的世界，然后将自己的观察感受所得诉诸文字，是个人情感、见解的外化。通俗地说，自主写作就是自己做主的写作，是自己选择材料，用自己的方式表达自己情感态度的写作"①。也就是说，自主写作从本意上来讲，是学生自由表达自己思想与情感的写作方式。这样一种思想延伸到教师培训中，就是要在规定作业之外，引导学员自觉自愿地开展研究或反思写作，但这样的研究或反思写作不是教师随心所欲地想写什么就写什么，而是要求教师必须围绕培训主题，根据自己的所学、所思、所悟进行自觉自愿的写作。简言之，这种形式的写作既要体现教师写作的自主性，又要体现培训的主题性。

（2）开放性。这是说教师培训中的自主式写作，要围绕主题，又不囿于主题。它可以是主题的延伸，也可以是主题的补充，但总体上是以主题为主线的。也就是说，这种写作方式在选题上是开放的，只是开放的程度取决于教师个人对主题的研究与理解程度。换句话说，这种开放的写作，在一定程度上关照到了教师培训中的个别差异问题，教师可以根据自己的能力和精力进行写作，同时，也可以在写作中检视自己学习的情况。

（3）灵活性。这是指写作方式及要求上的不拘一格，采用什么文体、写多少字数等完全由教师自己决定。换言之，这种灵活的写作可以由教师自己决定何时写、写什么、写多少，可以更好地与自己的工作与生活结合，在很大程度上减轻了教师培训中因工学矛盾带来的压力，不至于成为一种负担。

（4）实践性。实践性是教师所撰写的文章的"根"，也是充分体现教师教育教学艺术的核心，没有了实践性，教师写作的文章就失去了价值。因此，教师自主式写作一定要深深地植根于自己教育教学实践的土壤，基于实践进行反思提升，基于实践进行理论建构。当然，体现实践性，还要避免陷入经验主义的误区。

（5）反思性。深入思考，或批判性地思考，是教师撰写文章的"魂"。正像杜威所说，通过反思，能够"将经验到的模糊、疑难、矛盾和某种纷乱的情境，转化为清晰、连续、确定和和谐的情境"。因此，反思能够使教师在

---

① 杨泉良. 自主写作中的选题训练. 湖南第一师范学院学报，2013(4)

教育教学实践中获得的经验上升到理性的高度，闪烁出理性的光芒。

（6）新颖性。教师撰写的文章不是对教育教学活动的简单记录，也不是不做任何萃取的教育教学事例堆积，而是要在一定高度上有创新。当然，教育教学工作要做到完全的独创，有相当大的难度，应该说，只要有新颖性，就有其价值。因此，这里所说的创新，可以是一种新的教学方法，可以是一个新的教材处理的视角，也可以是一种新的理论阐释。总之，要在一定程度上有不同于通常做法的新元素。

三、自主式写作应把握的几个关键点

教师在培训过程中的自主式写作，既要具有以上所说的诸多特点，同时，还应该遵循一些规范，把握一些写作的关键点。

1. 始终把握明确的写作方向

写作的方向即培训的主题，自主式写作要求教师在培训期间始终把握培训主题，对主题进行不断的学习、研究、思考，并能及时将学习研究所得付诸笔端。那么如何生成一个好的写作主题呢？

一要在困惑中生成。大部分教师的写作主题都是因教育教学实践中的问题而产生的。但很多时候教育教学活动中的问题并不是很清晰，好像是工作中的一个"结"，但这个"结"到底是什么，还不能用准确的概念来表达。这时就需要认真分析，明确问题的实质，找出表达这个问题的核心概念，进而形成文章的主题。如果理不清楚这个"结"就直接动笔写文章，就会出现空洞无物、不知所云的状况，这便是写作的主题不明确使然。

二要在比较中生成。通过教师教育教学自身发展历程的比较或相互之间的比较，或者在读书学习中通过对自己教育教学工作的审视，找到自身的差异与差距，以生成写作主题。如果要在比较中生成主题，需要教师具有开放的胸怀和较强的批判性思维，这样才能从比较中获得思考与启迪，也才能从差异与差距中得到教育的智慧，并付诸笔端。

三要在情境中生成。在各种不同的情境中，触景生情，产生特定情境与自己教育教学工作之间的联系与联想，以形成写作主题。如"特级教师示范课对我的教学改进的启示"便是在特定情境中生成的主题。

四要在任务中生成。学术会议、培训活动、学术征文等有主题的活动常要求教师撰写文章。这类写作通常都带有"命题作文"的性质，主题一般很明晰，教师要做的只是按要求梳理自己的教育教学经验或体会。

2. 提炼文章的标题以聚焦写作的中心

标题是对文章要表达的核心概念及其关系的简洁明了的表述。它主要解决两个方面的问题：一是明确文章要阐述的核心概念，二是明确文章的体裁。

文章标题既要能够体现作者写作的主要内容，还要能够引起读者的阅读兴趣。因此，教师在自主式主题写作中，拟定文章标题时应该注意以下几个方面的问题。

一是宜简不宜繁。即标题要非常简洁地表述核心概念及其关系，尽可能少地用修饰语，尽量不用副标题。如"立足本校实际，突出特色，创建艺术课教学的新模式"就与简的要求有距离，涉及的概念太多，读者很难把握文章到底想要写什么；同时，这个标题也有点空泛，很难引起读者的阅读兴趣。再如"加强理论学习，提升专业素养——求真务实、扎实学习、积极向上的专业发展之路"，这个标题不仅很烦琐，而且核心概念不明确，且主标题和副标题没有很好的契合性。

二是宜明不宜玄。即标题要清晰明确地点题，不要不着边际地诗化或过于关注华丽的词藻，以免让读者不得要领。如"红梅花儿开，朵朵放光彩""用爱相处，给心一片灿烂的晴空"等，这样的标题就有点"玄"，如果不加副标题来进一步说明，恐怕作者自己都不知道文章该写什么。

三是宜新不宜淡。即文章标题不仅要简明，而且要有新意，但绝不能陷于俗套、老生常谈。如"勤奋学习，内涵发展""深入研究教材，提高课堂教学有效性"等，这类标题估计不会吸引多少人阅读。而事实上，这些文章的内容都非常好，有分析、有措施、有成功的经验，只可惜标题太平淡、太流俗，使教师的思想不能得到很好的传递。

3. 写作的结构与要求

不同文体，其结构应该有所不同，当然如果是规范的学术论文或研究报告，则一定要遵循相应的格式和要求。但无论撰写哪一类文章，都应该会涉及背景介绍、问题陈述与分析、反思与结论等方面。

（1）背景介绍。

背景介绍主要是对文章所阐述的主题产生的背景进行简要的梳理和说明。一般而言，这样的背景大致会涉及以下几个方面，但这些内容并非都要在同一篇文章中涉及，在不同类型的文章中需要的背景不同。

一是政策背景。即教育教学措施是在什么样的政策环境下产生的，当时政策要求的核心是什么，只需简明扼要地说明即可。此外，如果文章中要涉及这个方面的背景，一定要避免大段引述文件，或离题过远，从社会政治、经济文化方面绕一个大圈子进行阐述。

二是学术背景。即所要写作的主题，在国内外有一些什么样的研究，需要检索本主题下的一些重要文献，做一个简要的梳理说明。如果涉及这个方面的背景情况，切忌做长篇大论的文献综述，只需简要阐述一些核心观点即可，而且观点的陈述一定要客观。

三是教育教学背景。这通常是本部分内容的核心，也是教师最有话可说的内容。但许多教师往往容易陷入"细"而"全"的误区，从历史到现在，做详细而全面的介绍。其实，除非是文章特别要求，在大部分文章中都不需要这样全面的情况介绍。如果确实有必要，则只需围绕文章所涉及的主题做一个相关方面背景情况的简要说明，把问题产生的前因后果说清楚即可。

（2）问题陈述与分析。

问题陈述与分析是文章的核心部分，主要是对主题所涉及的核心概念或问题进行陈述说明，并对其产生的原因进行具体分析。这个部分应防止陷入以下几个误区。

一是说事而无因果分析。一些教师写文章习惯于说事，写成流水账，这是写文章的大忌。而导致这种情况的原因，应该还是思维方式的问题。因此，改变这种写作方式的重要途径在于学会分析问题之间的相互关系，从而找到问题产生的因果联系。因为任何事件都是在特定的相互联系中发生的，而且寻找因果关系也是训练思维逻辑性和系统性的有效方式。但同时也要切忌牵强附会地"拉"关系。

二是谈问题而无客观依据。许多教师写文章分析问题都是凭经验或想当然，这同样是一篇文章的大忌。如果从深层来讲，则是思维缺乏严谨性的表现。解决这一问题的方式可以有三种：①采用个案分析的方式，即如果对所要分析的问题没有做过深入的调查，但这些问题又确实是客观存在的，那么谈这类问题，就可做典型个案的分析。这样的问题分析，虽然可能不代表问题具有普遍性，但至少可让读者知道问题的发生有典型个案，同样是可信的。②引用相关研究结果，即如果自己没有调查研究，则可就同样的问题引用他人的研究结果，并结合这类结果分析自己的问题，这样分析问题仍具有一定的可信度。③自己调查研究，即自己设计问卷或通过访谈获取数据，以对问题做出客观分析。

三是谈特色或经验只顾自说自话。也许是这个时代潮流所致，许多教师喜欢"造"词来阐述自己的教育教学思想或经验，结果写出的文章通篇都是自说自话，别人都看不大懂，或即使能看明白，其内涵和外延也不符合一般的学术或概念规范。面对这种情况，许多作者美其名曰"创新"，其实这并不是创新，说得严重一些是"无知"，即根本不关注他人的研究与探索，不关注教育发展的动态。换个角度来看，这类具有"创造性"的文章或办学经验在一定范围内的流行，也反映出教师在一定程度上学习还不够深入，视野也不够开阔。因此，不断加强学习，提升自己的文化知识素养，提高自己的研究水平和教育教学水平，是一个教师写出有价值的文章的必经之路。

（3）反思与结论。

反思与结论是一篇文章的点睛之笔，也是能够给读者留下深刻印象的部分，主要应该是对文章的基本结论做一个简要的总结，并对自己在该主题的探索方面还存在的不足或问题进行简要的反思。这个部分一定要简洁，结论要精练，最好能让读者留下印象；反思的问题点到为止，留待以后再做研究并撰写文章，不宜再展开写太多内容。

总之，教师写作并不单是文笔好坏的问题。文章的核心是思想，它体现着作者思维的深刻性、逻辑性、系统性等，同时也是作者知识基础、专业功底和实践经验的综合体现。教师要写出有水平的文章，不是一个简单的写作技巧问题，而是需要综合素养和思维水平的全面提高。在培训中，要求教师做一些必要的写作，是促进教师在培训中的获得感、促进教师培训成果转化的有效手段。

第二节　教师培训的质量管理体系

总体来看，全国各地在全面推进教师培训的过程中，主要采用了项目管理的方式，即每个培训班为一个培训项目，由项目负责人或指导教师进行整体设计与全程实施。因此，我们在这里谈教师培训的质量管理问题，就必须要既符合项目管理的特点，又符合全面质量管理的思想。

一、培训质量管理的内涵与特点

根据怀德曼的观点，项目是一次性、多任务的工作，具有明确起止日期、特定的工作范围、预算和要达到的特定性能水平。项目管理则是对为达到项目目标而必须执行的活动进行计划、实施和控制。[1] 全面质量管理是一个组织以质量为中心，以全员参与为基础，目的在于通过让顾客满意和本组织所有成员及社会受益而达到长期成功的管理途径。它要求做到全过程的质量管理、全员参加的质量管理、全层面的质量管理，且质量管理所采用的方法必须是科学的、多样的。[2]

根据已有的研究，我们对质量管理形成了这样的认识，中小学教师培训质量管理是根据培训目标，通过对培训全过程的计划、实施和控制，充分发挥各项培训条件的效益，实现教师知识、能力乃至个人素养全面提高

---

[1]　马克思·怀德曼. 怀德曼项目管理词汇手册. 项目管理志愿者译. 北京：清华大学出版社，2003

[2]　桑德霍姆. 全面质量管理. 段一泓译. 北京：中国经济出版社，1998

的管理过程。在这个理解中，我们需要把握培训质量管理的以下几个核心特征。

1. 目标导向

培训质量管理必须以培训目标为出发点，而培训目标则取决于对培训需求的研究。在培训目标的确定中，我们应从不同层面的需求进行分析。具体而言，教师培训的目标应该反应政策需求、岗位需求、学校需求和个人需求。因此，目标的生成是否符合这些培训需求，应该是质量管理的关键环节。

2. 全程调控

一个教师培训项目的完成涉及计划、实施、控制、评估的全过程，因此，质量管理也是对全过程的管理。计划管理涉及对项目可行性方案、培训主题、培训实施方案、培训课程方案等的指导、研讨与论证，这也是确保培训成功的第一步；实施过程管理涉及对师资、课程、教学、活动等培训每一个环节的检查与指导；控制管理是对培训流程的监控与把握，要求每一个环节都严格按流程和相关的规定执行，以确保过程的规范性；评估管理是指对培训效果进行科学的评估。总之，整个过程的管理应该做到需求、目标、主题、过程、结果的一致性。

3. 资源优化

每个培训项目的实施，都建立在必要的资源基础之上。这些资源包括经费、人员、信息等诸多方面。因此，质量管理也是对这些资源的有效管理，其目标是资源效益最大化。经费要严格按预算执行，并严格控制无原则的因人而异，以免产生不必要的经费滥用；人员涉及专家、项目管理人员和项目辅助人员，应努力做到沟通顺畅、配合默契；信息包括师资资源、课程资源、学校资源、环境资源、项目各类过程性文件、作业、研究成果、学员个人信息等内容，要做到及时收集、随时整理、管理有序。

4. 效果显性

培训是否实现了预期的目标，是培训质量管理的最终目的。虽然培训的真正效果不能立竿见影，一些长远效果可能是潜在的，但一个培训项目结束后，我们仍然可以对其显性效果做出必要的评价。唐·柯克帕特里克的培训评估模型认为，对培训效果的评估应该包括反应层、学习层、行为层和结果层四个层次。反应层评估是指受训人员对培训项目的看法，包括对内容、教师、设施、方法等的看法，可通过问卷调查和座谈会进行评价。学习层评估是最常用到的一种评价方式，是测量受训人员对原理、事实、技术和技能的掌握程度，其方法包括笔试、技能操练和工作模拟等。行为层的评估往往发生在培训结束后的一段时间，由上级、同事或客户观察受训人员的行为在培训前后是否有差别，他们在工作中是否运用了培训中学到的知识。结果层的评估上升到组织的高度，即组织是否因为培训而经营得更好了，可以通过一些指标来衡量，如质量、员工士气以及服务等。①

二、培训质量管理体系的基本结构

教师培训质量管理是一个结构化的体系，它应该由质量标准、工作流程、管理制度、操作规范四个部分构成。

1. 质量标准

关于质量管理标准，我们首先会想到 ISO 质量管理标准，这是世界上普遍被采用的质量管理体系标准。清华大学在欧美质量管理标准的基础上，根据高校教育培训质量管理的特点与要求，研究制定了《清华大学质量管理体系》系列文件，其中收集整理了教育培训行业被广泛使用并且约定俗成的15 个术语并给出了书面定义。②

我们根据长期教师培训工作的经验，以及对教师培训专业化问题的基本构想，在已有研究成果的基础上，也初步提出了构成教师培训质量管理标准的基本术语，并对每个术语做出了基本的界定，同时提出了一些初步的评价依据(见表 4-1)。

---

① 唐纳德·L. 柯克帕特里克. 如何做好培训评估：柯式四级评估法. 奚卫华等译. 北京：机械工业出版社，2007
② "清华大学教育培训质量管理体系的建立和应用"课题组. 高校教育培训质量管理的标准化与体系建设研究. 继续教育，2009，23(4)

表 4-1 教师培训项目质量标准基本术语

基本术语	定义	评价依据
需求	立项和方案形成的基本依据	要具体分析政策、岗位、学校与个人四个层面的需求，有需求调研的科学方法与可靠数据，有经过论证的调研工具，有完整的需求分析报告
立项	项目已正式通过上级审批机关或委托方的认定，并得到了项目实施的具体指令	是否符合培训需求，可行性报告是否符合规范、有说服力，立项材料是否齐全
主题	培训实施方案形成的起点	是否反映了培训需求，是否反映了学校发展或教师成长的核心问题，核心概念是否清晰明确
目标	培训预期要达到的终点	是否紧密围绕主题，是否具有可行性，表达是否清晰明确
课程	培训的核心构件	是否反映了培训需求，是否贯穿了培训主题，是否以培训目标实现为导向
方法	培训课程得以实现的手段	能否满足课程的要求，是否具备相应的培训条件，培训者能否有效驾驭，是否符合学员的学习特点
专家	实现各类培训课程的专业人员	是否具备专家聘任规定所要求的资质，能否根据课程要求设计适合学员特点的教学内容与方法，能否做到理论与实践相结合，能否充分调动学员学习的积极性，能否结合学校实际提出可操作的指导意见等
体验	培训中开展的以教师心智训练为主的培训活动	活动设计是否符合学员的年龄特点，活动设计是否与培训的要求相一致，活动开展能否引起学员的内心体验，活动开展是否符合安全性原则等
研究	研训一体原则指导下，在培训中开展的学员自主、专家指导下开展的问题研究活动	选题是否适合在培训阶段开展研究，研究过程能否与培训过程紧密结合，研究是否符合课题研究的基本规范，研究成果是否对教育教学改进或教师成长产生积极促进作用等
成果	培训过程中由教师完成的过程性作业与终结性作品	不同类型的成果从形式到内容是否符合培训要求，过程性成果是否产生于教师在培训中的认识与感悟，终结性成果是否与教师所在学校紧密结合等

（续表）

基本术语	定义	评价依据
预算	由项目人员按程序编制的、由上级财政部门或委托方审批通过的、用于项目实施的经费	经费编制是否符合项目实施的要求，经费执行是否符合财务规范，不同细目下的经费是否得到了足额、有效的使用等
评估	过程性评估和终结性评估，前者包括了项目实施各环节的论证评估，后者包括项目结束时的绩效评估	评估专家的资质是否符合要求，过程性评估中的可行性建议是否得到了采纳，终结性评估是否符合相关规范与要求，绩效是否达到了预期的目标
下校	培训活动的重要组成部分，主要是通过走进不同的学校，促进教师之间的相互交流与学习，同时促进专题研究与教育教学实际更加紧密地结合	下校的主题是否明确，活动安排是否有计划，学员之间是否有充分的交流研讨，专家指导是否符合下校要求等
论坛	培训过程中开展的围绕特定主题的研讨交流活动	主题是否明确，程序安排是否合理，交流是否有充分准备，专家引领是否有针对性等
转化	是培训的潜在的、也非常重要的要求	学员的知识、能力、观念等是否有变化，培训收获是否转变为教育教学策略，学员是否在更深层次上产生了问题与困惑等

根据对关键术语的基本界定，我们可以研究编制项目质量评价指标体系，并将此作为质量管理各环节的核心依据。

2. 工作流程

工作流程是确保培训整体性与规范性的重要内容。通常，我们从项目立项开始，就进入了规范的工作流程，并对每个环节都规定了具体的工作内容和组织管理程序（见图 4-1）。

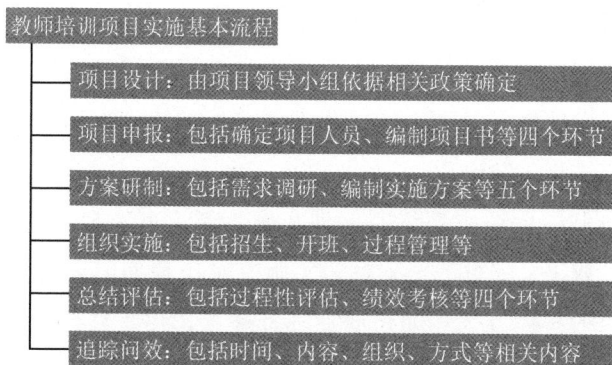

图 4-1 教师培训项目工作流程图

流程的每个部分都有一些具体的操作环节或内容，各环节的具体内容如下。

(1)项目设计。

①组织管理：建立培训管理领导小组和实施小组。

②设计依据：根据相关政策精神，在充分考虑当前的热点、难点问题的基础上研究确定。

(2)项目申报。

①确定项目负责人：按照领军人才培训、高级研修、提高培训、新任教师培训的层次建立总项目，并由相关领导共同研究，依据项目人员管理相关办法确定总项目负责人。

②确定子项目负责人：总项目下的每类培训或每个培训班为子项目，子项目负责人由全体教师自由申请、公开陈述申请理由，在项目质量指导专家小组评议的基础上，由实施小组研究确定。

③编制项目申报书：由项目负责人和子项目负责人共同研究编制项目申报书。

④编制项目预算方案：由项目负责人和子项目负责人共同研究编制经费预算方案。

(3)方案研制。

①需求调研：所有项目均需开展三项调研，一是学员需求调研(包括对上一级主管领导及同事的调研)，二是专家调研，三是文献研究。调研可采

用座谈、访谈、问卷的方式，调研结束后，要综合研究，写出调研报告。

②主题论证：在调研的基础上，根据主客观需求确定培训主题，并在对主题进行学术综述的基础上，提出围绕主题的培训思路，培训管理部门适时组织专家进行主题论证。

③方案研制：依据主题编制培训实施方案。方案要做到主题、目标、内容、方式、成果、评价的一致性。实施方案中要同时以附件的形式编制一些重要板块的具体方案，如拓展训练方案、文化教育考察方案、校际互访方案等。

④课程安排：依据方案编制培训课程安排。课程安排要有具体的课程名称、时间安排、专家姓名、职称/职务、工作单位。

⑤方案论证：由培训管理部门组织专家进行内部评审，并由项目人员对方案进行修改。

(4)组织实施。

①招生与入学：根据培训管理部门统一的时间安排，由实施单位组织项目人员拟定招生通知和入学通知。项目组与培训管理部门进行资格审核，并及时沟通调整。

②开班筹备：根据培训管理部门有关开班筹备工作的统一安排，由项目人员按时间和内容要求完成筹备工作。筹备的内容包括：培训手册、学习资料、学习用品、教室安排、课程确认(至少前两周)等。

③过程管理：遵照相关制度和规范进行过程管理，特别要注意收集各类培训资料，并及时提交培训档案。

(5)追踪问效。

①追踪时间：追踪以年度为单位，一般在项目结束半年后进行。

②追踪组织：由项目执行部门组织实施，成员以培训质量指导小组为主，同时吸收部分教师参与。

③追踪方式：短期追踪以座谈和访谈为主；长期追踪以问卷调查为主，辅之以座谈、访谈。

④追踪内容：以成果转化、学校改进、教师成长等为主。

⑤追踪经费：从项目经费中统筹或专项申请。

3. 管理制度

管理制度是确保项目有序、有效运行的基本规范，主要包括一些具体的岗位职责和规章规范，可针对不同培训环节形成相应的管理制度，如项目人员工作职责、经费管理规定、学员研修条例等。这些制度力图达到两个目的。

一是提高培训管理的规范性。管理制度是促进培训各环节规范、有序运行的依据，也是推进培训专业化的重要举措。在这个意义上，我们致力于有效处理好运行程序的规范性和活动实施的创新性之间的关系。具体而言，应该特别强调在项目操作的程序上做到规范、严格，程序的任何一个环节都不得缺失或随意改变。但在项目实施的过程中，对于课程安排和活动设计，项目人员可以充分发挥自己的优势和创造性，但重大内容与安排，如课程设计及实施过程中的重大调整、实践考察或异地培训等，则需经专家小组论证研讨。因此，从质量管理的角度，应该强化规范性但并不限制创造性，鼓励创造性但又不能违背制度的基本规范。

二是充分发挥制度的引领作用。制度除发挥规范管理的作用之外，还具有引领和促进作用。因此，在制度建设中应着意强化这些作用。如在我们的项目管理中，关于项目人员选聘的规定，就明确提出了项目负责人、指导教师及项目授课专家的基本条件，以及评聘的要求，其中特别对教师开设新的培训专题提出了从试讲、完善到成功开讲的具体程序，这些规定是教师承担项目角色的底线，也是对教师成长提出的要求，有助于促进教师的成长与发展。

4. 操作规范

针对工作流程中的每一个环节，应该制定项目人员在培训实施过程中可有效操作的规范。这些规范大体包括三类。

（1）框架性规范。

框架性规范是对一些重要项目文本的制定所提出的框架性要求，主要包括两个部分：一是行政性规范，这些都是由教育行政主管部门统一拟定下发的规范，如项目申报方案、项目可行性论证报告、经费预算报告、绩效评估报告等；二是经验性规范，这些是培训机构在实践中摸索形成的供项目人员参照执行的规范，可根据条件的变化适时进行调整修改，如培训方案的框架性结构、招生通知模板、入学通知模板等。

（2）标准性规范。

标准性规范是依据相关政策和标准确定的必须遵照执行的规范，主要包括三种类型：一类是政府标准，这是由政府相关部门制定的执行标准，也是其他标准得以建立的基础，如经费、会议等的标准；二是单位标准，这是由项目主管单位根据本单位具体情况制定的相关标准，如培训机构内、外部专家经费执行标准等；三是部门标准，这是由项目执行部门根据同类任务制定的相关标准，如项目课时分配参考标准等。

（3）行动性规范。

行动性规范是对项目人员在项目实施过程中具有指导意义的规范。这些规范根据适用对象不同也分为三类：一类是供培训者使用的，如项目人员工作手册；另一类是供学员研修使用的，如校际互访指导手册、读书学习指导手册等；还有一类是培训者和学员共同使用的，如各类日志等。

三、培训质量管理模型的探索

1. CIPP 评价模型

学者们对质量管理指标体系的研究取得了非常有益的成果。美国著名教育评价专家斯塔弗毕姆及其同事在对泰勒行为目标模式反思的基础上提出了 CIPP 模型。在该模式中，评价被理解为"提供有用资料以做决定的过程"。就一项方案的执行而言，大致需要做四种决定：规划性决定、结构性决定、实施性决定、考核性决定。对应上述四种决定的是四种方案评价，简称 CIPP 评价模型。[①]

背景评价（Context Evaluation）：对方案出台的背景及方案目标确定依据的评价；

输入评价（Input Evaluation）：对达成目标的几种可能的方案设计之优劣的评价；

---

① 罗美玲. 基于 CIPP 评价模式的高职院校内部专业评估指标体系构建研究. 广东技术师范学院硕士学位论文，2016

过程评价(Process Evaluation)：对确定的方案的实施过程的评价；

成果评价(Product Evaluation)：对方案的成就进行的测量、解释与判断。

CIPP模型将培训项目本身作为一个对象进行分析，即从培训背景(Context)、培训投入(Input)、培训过程(Process)和培训结果(Product)四个方面对项目进行评价。

2. 古斯基教师专业发展评价模型

美国肯塔基大学教育政策与评价系教授古斯基于20世纪90年代末基于柯克帕特里克的四层次培训效果评价模型，提出了教师专业发展评价模型。古斯基认为，柯式评价模型有助于解决是"什么"的问题，但难以解决"为什么"的问题，在教育中的使用具有局限性。教师专业发展是一个动态的过程，随着时间的推移而不断变化，需要考虑组织的不同层面发展所受到的内容、过程与情境等因素的影响，它们决定了对所有参与者知识与实践的影响。为了合适地评价专业发展的复杂过程，必须考虑五个关键层面(见表4-2)。[①]

表4-2　古斯基教师专业发展评价模型

评估层级	重要问题	信息收集方式	测量内容	信息应用
1. 参与者的回应	• 参与者喜欢该专业发展活动吗 • 时间得到有效利用吗 • 学习资料重要并有价值吗 • 学习领导者有能力帮助自己进行学习吗 • 茶点新鲜、可口吗 • 教室、房间的温度舒适吗 • 桌椅舒适吗	• 问卷	• 参与经验的最初满意度	• 改进项目的设计与实施

––––––––––––

① Thomas R. Guskey. 教师专业发展评价. 方乐等译. 北京：中国轻工业出版社，2005

（续表）

评估层级	重要问题	信息收集方式	测量内容	信息应用
2. 参与者的学习	• 参与者掌握了预先设定的知识吗	• 纸笔测验 • 测量量表 • 模仿 • 展示 • 档案	• 参与者的新知识与新技能	• 改进项目的内容、形式和组织
3. 组织支持以及支持方面的变化	• 专业发展对于组织有何影响 • 对专业发展项目的实施进行宣传、促进及予以支持了吗 • 专业发展效果得到分享并重新组织了吗	• 学校档案与报告 • 问卷 • 结构性访谈 • 参与者档案 • 参与者反应	• 组织的宣传、支持、使用及认可	• 呈现组织支持程度及组织支持的改进程度 • 为未来改进提供参考
4. 参与者应用新知识和技能的情况	• 参与者有效使用新知识与新技能了吗	• 问卷 • 结构性访谈 • 直接观察	• 应用的程度与质量	• 呈现专业发展项目内容使用的情况及相关内容的改进
5. 学生学习结果	• 专业发展活动对学生有何影响 • 专业发展活动影响学生的学业成就了吗 • 专业发展活动影响学生的身体及情感发展了吗	• 学生档案 • 学校档案 • 问卷 • 结构性访谈 • 参与者的档案与反应	学生学习成果： • 认知（学业成就） • 情感（态度与性向） • 心理（技能与行为）	• 对项目设计、实施与跟进等方面予以聚焦及改进 • 呈现专业发展项目的全面影响

四、培训质量评价指标体系的建构

根据柯克帕特里克模型、CIPP 模型和古斯基教师专业发展评价模型，结合相关文献研究及我们的教师培训实践经验，综合考虑上述关键术语所涵盖的内容，我们探索建构了《中小学教师培训质量评价指标体系》。该体系由一级指标、二级指标、评价要素、数据收集方法、信息使用目的共五个项目构成。

"一级指标"说明了教师培训项目与活动结果的不同层次,不同层次的结果相互补充,形成了一个完整的评价体系。"二级指标"是对上一级指标的具体分解与细化。"评价要素"尽可能用具体的、可测量或可观察的术语来描述每个二级指标量与质的要求。"数据收集方法"指评价者客观评价每项指标的实际情况时可以使用的具体的获得相应数据的方法。"信息使用目的"指收集数据的主要意图。由上述五个项目构成的评价指标体系,不仅可以在内容和方法上给评价者评价具体教师培训项目的效果提供指导,而且可以为评价者衡量具体教师培训活动取得的实际结果提供参照。

该指标体系中,一级指标的构建,借鉴了 CIPP 模型的思想,即将培训项目本身作为一个对象进行分析,从培训情景、培训投入、培训过程和培训结果四个方面对项目进行评价。下面对这四个方面做些简要的说明。

1. 培训情景

培训情景是培训方案出台的背景、制度环境以及方案制定的依据。培训情景评价包括政策形势、制度保障、需求分析 3 个二级指标。

(1)政策形势。主要评价教师培训项目的设立与国家宏观教育政策是否一致,与区域教育发展是否相适应,以及与区域年度教师培训重点工作是否相一致。

(2)制度保障。主要评价教师培训机构的管理与教学制度是否完备,人员配备是否合理以及分工和职责是否清晰,教学服务保障与管理体系是否健全。

(3)需求分析。主要评价项目设计时,是否分析参训教师的存在问题、是否了解教师的培训需求,以及需求分析的方法、结果如何。

2. 培训投入

培训投入是指投入培训活动的各种资源。该指标包括经费投入、培训设计、课程资源、培训师资、条件保障 5 个二级评价指标。

(1)经费投入。主要评价培训经费投入情况及财政评审与预算编制合理情况。

(2)培训设计。主要评价方案设计的规范性、科学性、逻辑性、针对性等,具体涉及培训目标的清晰度、培训时间的适切性、培训内容与培训目标的一致性，以及培训形式的科学性等。

（3）课程资源。主要评价课程设置的结构、内容以及学习资源的提供等。

（4）培训师资。主要评价培训师资的结构、资质水平、影响力以及学术水平和教学水平。

（5）条件保障。主要评价对参训教师的食宿安排、交通安排、日常生活服务、场地与设备等培训需投入的物质保障条件。

3. 培训实施

培训实施是运用培训投入开展培训活动的过程。该指标包括教学与指导、组织与管理、监控与调整3个二级指标。

（1）教学与指导。主要评价培训者的教学准备、教学活动、参训教师在教学与指导过程中的参与和体验，以及提供专业指导的及时有效性。

（2）组织与管理。主要评价培训实施过程的管理是否有序、质量过程监控和反馈机制是否健全、日常管理与考核（考勤、作业等）是否有效，以及是否能够及时固化培训成果。

（3）监控与调整。主要评价项目组是否对培训项目实施实行过程监控，能否根据参训教师在培训实施过程中提出的意见建议与实际情况及时对方案做出调整，以及对培训方案的调整与变更存是否存有记录等方面。

4. 培训结果

在结果评估方面，本研究借鉴柯式模型，即对培训效果的评估从"反应""学习""行为"和"结果"4个层面进行分析。本研究在具体阐述时，分别描述为"项目达成""专业提升""组织影响""学生促进"。

（1）项目达成。主要是对教师的反应的评估，指教师对于参与的培训活动的主观满意度，主要包括评价教师对培训课程与内容、培训形式、培训教师、培训考核，以及对培训的时间、地点、教学设备、环境，培训教学管理与教学服务等方面的满意度。

（2）专业提升。一方面评价教师学习结果，即参训教师从培训活动中实际所学到的东西，包括新知识、新技能的获得，观念更新以及态度的变化等；另一方面也对应用与行为改变层面进行评价，即参训教师在工作中是否运用培训所学的行为或策略，是否使教育教学行为发生改变，进而使教育教学质量得到提升等方面。

（3）组织影响。主要评价参训教师应用培训所学给学校组织带来的影响，着重评价对同事和制度文化等方面的影响与改变。

（4）学生促进。主要评价参训教师是否将培训所学应用于实践，以及对学生学习的影响，包括学生认知水平与学业成就，学生情感、态度、习惯、方法，学生的心理与其他行为表现等方面。

表 4-3　中小学教师培训评价指标体系

一级指标	二级指标	评价要素
培训环境	机构设置	有健全的各级教师培训机构
		有专门负责教师培训的地方行政部门
		有负责教师培训工作的地方督导机构
		有教师培训的专业师资岗位配备
		有校长培训的专业研究岗位配备
	制度建设	有针对国家政策的地区性执行细则
		有教师培训的地方性规划或计划
		有培训者培训的长效机制
		有培训机构的培训管理规章制度
		有培训机构的人员管理规章制度
培训投入	经费保障	有充裕的培训经费
		经费开支通过财政审计
		有合理编制的执行预算
		有符合财务规范的经费使用程序
	项目设计	有科学的培训需求调研报告
		有经过专家论证的切实可行的实施方案
		有规范的项目实施流程
		有配套的培训资料
	课程设置	课程设计符合培训目标
		有系统的课程体系
		课程设置结构合理

（续表）

一级指标	二级指标	评价要素
培训投入	课程设置	课程目标清晰明确、操作性强
		课程内容科学性强
		课程内容反映了本领域的前沿水平
		课程设计符合教师的知识基础
		课程设计满足教师的实际需要
	师资配备	师资配备到位
		师资结构符合培训要求
		培训教师是特定专业领域有一定影响力的专家
		培训教师能够根据培训要求设计培训
		培训教师有较高的学术水平和教学水平
		培训教师有较强的培训课堂驾驭能力
		培训教师能够与学员进行有效的沟通、对话
		培训教师能够针对教育教学实际问题提供有效的专业指导
培训过程	模式/方法	培训方法符合内容与对象的特点
		培训方法设计合理
		培训方法熟练运用
		有效调动教师的积极参与
		注重教师在培训过程中深度体验
		培训方法的运用有创新
	组织管理	培训实施符合项目管理流程
		有教师反馈意见和建议的渠道
		培训进程中及时有效地调整
		培训进程中有专业的指导措施
		能够及时固化培训成果
		日常管理（考勤、作业等）有效
	培训内容	培训内容前瞻性强
		培训内容实用性强
		培训内容针对性强
		培训内容难易程度适中
		有丰富的案例分析，能做到理论联系实际

（续表）

一级指标	二级指标	评价要素
培训结果	满意度	培训满足了教师的需求
		培训效果与教师的期望一致
		通过培训，教师很受启发
		通过培训，教师感到受益匪浅
		通过培训，教师感到心情愉悦
	掌握度	通过培训，教师加深了对相关政策的理解
		通过培训，教师学到了许多专业知识
		通过培训，教师掌握了许多管理技能、技巧
		培训开阔了教师的视野
		培训更新了教师的观念
		教师形成了新的研究课题
	提升度	激发了教师的职业理想与激情
		提高了教师思考、分析问题的水平
		增强了教师的学习意识和能力
		使教师理清了教育教学思路
		促进了教师对教育教学体系的思考与梳理
		使教师更加注重日常教育教学工作的科学、有序
	改进度	教师参加培训后，学生的学习积极性更高了
		教师参加培训后，家长的满意度提高了
		教师参加培训后，能够更加主动地反思教学了
		教师参加培训后，参与教学改革的积极性更高了

五、培训质量管理体系的实施策略

1. 共同参与策略

我们在总结实践经验的基础上，积极开展培训质量管理体系的建立，采用的首要策略是全体参与，即项目人员是培训的推进者，同时也是培训质量管理的实践者。因为只有充分调动全体教职员工参与项目管理的积极性，才能有效保证质量的全面提高。

在调动全体教职工参与培训质量体系的建立与实施的过程中，可以采用两种方式：一是共同参与制定，即所有制度与规范从意向到成型的全过程都源于项目经验，源于项目人员的共同参与，因此，建立的每一项制度都应该是集体智慧的结晶；二是共同参与研讨，即制度与规范在试行的过程中，发现不适应或不适合的地方，都要及时组织项目人员开展专题研讨，对实施中存在的问题进行充分交流，以做必要的修改与完善。

2. 资源统筹策略

在培训质量管理的过程中，要坚持闭合性与开放性相结合的原则。闭合性是说，每个项目自成系统，独立实施，因此，项目人员对培训质量负有直接责任。这就要求项目人员严格按照各项管理规范开展工作，并按照培训工作流程，将各环节的工作做得更加精细、到位。开放性是说，在项目实施过程中，本着优化资源、提高质量的目标，通过行政调控，达到优质资源在不同项目之间的共享。因此，从实施质量管理体系的角度而言，资源统筹策略主要注重以下几个方面的工作。

(1)人才资源共享。提高培训质量的关键是人才。在项目实施过程中，每位教师因为个人背景与专业优势不同，所拥有的专家资源也不同。因此，为了促进不同项目积累的专家资源发挥最佳效用，培训机构应建立专家资源库，以求专家资源的统筹开发。

(2)信息资源共享。项目实施过程中，大家都积累了各种不同的信息，其中有学术信息、学校信息、活动信息等，如何让这些信息在项目执行中发挥更加有益的效用，同样是质量管理的重要方面。为此，在项目管理中，应该注重并加强针对不同板块内容的专题交流，以增进相互之间的沟通，达到信息资源的共享。

(3)管理资源共享。项目实施中，从教学到班务活动都由项目人员负责，有时可能会因为班务过多而牵扯指导教师在培训业务方面的精力，并进而影响培训质量。为此，应该积极探索项目联合管理的机制，以实现项目事务性工作统筹安排，让教师把更多的精力投入到对培训的研究与推进之中。

3. 全面推进策略

质量管理体系是一套针对项目实施全程、涉及全员的系统，因此，我

们在执行中同样采用了全面推进的策略，具体表现在：一是全员培训，即
对全体项目人员进行培训质量管理体系的培训，使大家理解、掌握，并能
够在项目实施过程中执行。二是全面落实，即在项目实施的各项工作中，
全面渗透质量意识，并严格按照质量管理的规范开展各项工作。三是全程
跟进，质量管理是一项复杂的工作，并非制定了规范大家就能贯彻落实，
事实上，在项目运行的过程中，还需要进行全程跟进。

第五章　教师教育一体化的思考

　　国家对中小学教师的培养培训高度重视,早在1993年颁布的《中华人民共和国教师法》就提出:"各级人民政府和有关部门应该办好师范教育,并采取措施,鼓励优秀青年进入各级师范学校学习。各级教师进修学校承担培训中小学教师的任务。非师范学校应当承担培养和培训中小学教师的任务。"此后,国务院在1999年颁布的《中共中央国务院关于深化教育改革　全面推进素质教育的决定》中进一步指出:"加强和改革师范教育,大力提高师资培养质量。调整师范学校的层次和布局,鼓励综合性高等学校和非师范类高等学校参与培养、培训中小学教师的工作。"《国家中长期教育改革和发展规划纲要(2010—2020年)》提出:"完善培养培训体系,做好培养培训规划,优化队伍结构,提高教师专业水平和教学能力。"2012年《教育部、国家发展改革委、财政部关于深化教师教育改革的意见》更加明确地提出:"推进高等学校内部教师教育资源的整合,促进教师培养、培训、研究和服务一体化。"应该说,这些要求,从国家政策设计的角度有效推动了教师培养、培训一体化的进程,但要最终实现一体化的全面落实则还需要一个探索实践的过程。我们从教师队伍的现状和教师资格认定的反思入手,对教师教育一体化问题做一些分析。

一、教师队伍状况的基本反思

1. 教师队伍的专业结构不尽合理

　　如前所述,目前我国的教师队伍从专业结构来看,主要有两个方面的结构性问题：一是学科结构不尽合理，表现为语文、数学等学科教师比较充裕，而音乐、体育、美术等学科教师缺口较大，且农村地区的缺口更大；二是教师专业教育缺失，每年新聘任的教师中，非师范类教师占了较大比例。

教育部教师工作司原司长许涛 2014 年在第四届两岸四地师范大学教师论坛上透露："全国每年平均培养大约 65 万师范类毕业生，但需求量只有 25 万，也就意味着至少每年多出了近 40 万的师范类毕业生。"华东师范大学教师陈群表示，师范生的优势也不再明显。2012 年全国范围基础教育招聘的师资中，1/4 来自非师范大学。调查发现，高水平的中学更愿意招收高水平综合性大学的毕业生。这些数据反映出了一些十分重要的信息，那就是我们的师资培养已经远远滞后于现实需求，而这个滞后不在于数量，而是师资的供求关系出了问题，是教师的职前培养不能满足中小学教育教学的要求。这种状况也从另一个侧面反映出了教师队伍的这种结构性缺员的深层原因是教师的职前教育不足。这种不足主要表现在两个方面：一是师范类院校转型所造成的培养不足；二是师范类院校在教育教学课程设置方面的缺失所造成的教育不足。

2. 教师队伍的区域分布不尽合理

由于地域经济发展和生源结构差异等因素，中小学在发展上存在着明显的城乡和校际的不均衡。而导致这种不均衡的深层原因则是师资结构上的不均衡。这种不均衡，总体表现为两种情况：一是师资队伍的整体水平存在着较大的城乡差异，仅以特级教师、省（市）级学科带头人和骨干教师的分布来看，主体基本都在城区。二是师资团队的分布存在着明显的校际差异，以学历水平来看，高学历教师更多集中在一些城区优质学校，而这样一些高学历的优秀师资团队的形成，也在无形中加大了校际乃至区域之间的差距。

3. 教师队伍的教育体系不够完善

教师队伍存在这样一些问题，笔者认为其根源还是教师教育在职前、入职、职后各阶段系统的顶层设计不够和各环节之间的衔接不足。具体表现在：

（1）职前教育难以满足高素质教师队伍建设的需要。职前教育总体表现为原有的师范教育体系已完全解构，但新体系尚不完善，以至于教师培养缺乏层次性，甚至许多师范院校的师范性也正在淡化甚至消失。简言之，我们的中小学教师培养已不能满足教育发展的需求，教师队伍两极分化的情况日益加大。

（2）教师入职不能保障合格师资的选用。教师入职主要体现在两个方面：一是教师资格认定，二是招聘录用。但从目前的情况来看，教师资格认定尚未与教师的培养有机对接，教师的聘用也未形成统一的规范和标准。因此，我们的师资选拔在一定意义上，并没有产生很好地保障教师队伍水平的作用。

（3）职后培训的有效性与针对性亟待提高。近年来，我们的教师培训工作日益科学、规范，但总体来讲，培训的实效性和针对性还存在着明显的不足，具体表现为：一是知识性的培训大于教育教学技能水平提升的培训；二是通识性的培训大于个性化的指导与训练；三是学院派的培训者队伍与中小学教育教学实践的要求有距离；四是培训经费的高投入并没有带来培训的高效益。

这样一些问题的存在，原因是多方面的：一是教师职前教育和入职选拔缺乏高要求和高标准，使得培训工作在一定意义上带有补课性质，甚至这种"先天不足"会导致教师自身专业发展上的恶性循环；二是培训者队伍的建设与高标准要求的培训工作不相匹配，具体表现为培训者队伍的主流，尤其是省市级培训院校的培训者队伍，绝大部分都来源于高校，虽然这些师资学历水平越来越高，但对中小学教育教学实践了解甚少，许多教师难以将自己的所学或研究成果转化为符合中小学教育教学要求的培训资源，以至于在很大范围内存在着培训与一线教学"两张皮"的状况。

二、教师资格认定的现状与问题

我国于1986年颁布的《中华人民共和国义务教育法》明确规定："国家建立教师资格考核制度，对合格教师颁发资格证书。"1993年颁布的《中华人民共和国教师法》正式提出:"国家实行教师资格制度。中国公民凡遵守宪法和法律,热爱教育事业,具有良好的思想品德,具有本法规定的学历或者经国家教师资格考试合格,有教育教学能力,经认定合格的,可以取得教师资格。"在这两部教育大法中,始终都有两个关键词——"资格"与"合格",那么"资格"是否就等于"合格"呢?

1. 我国教师资格认定工作的发展历程

《中华人民共和国义务教育法》颁布以来的三十年中,教师资格认定大致经历了三个发展阶段。

(1)教师资格认定的过渡阶段。这个阶段可分为两个时期:一是以1986年原国家教育委员会颁布的《中小学教师考核合格证书试行办法》为标志,其中具体规定了中小学教师应该具备的合格学历,并提出对不具备合格学历、又暂时不能取得合格学历的在职教师设立两种合格证书:"教材教法考核合格证书"和"专业合格证书";二是国务院《教师资格条例》颁布后,教育部于1996年下发了《教师资格认定的过渡办法》,对教师资格过渡的范围、申请和认定等事项提出了明确要求,1997年底各级各类学校教师的资格认定过渡工作基本完成。这一系列工作为教师资格制度正式建立与实施奠定了重要基础。

(2)教师资格的地方考试阶段。以教育部2000年颁布的《〈教师资格条例〉实施办法》为标志,我国的教师资格制度在全国正式实施。《教师资格条例》规定:"教师资格考试科目、标准和考试大纲由国务院教育行政部门审定。""教师资格考试试卷的编制、考务工作和考试成绩证明的发放……由县级以上人民政府教育行政部门组织实施。"就是说,这个阶段的教师资格考试等工作主要由地方政府教育行政部门负责,且教师资格认定主要包括三个环节:①申请者参加教育学、教育心理学(简称"两学")考试;②"两学"考试通过后,按照《教师资格条例》规定的条件进行资格审核;③审核通过后,参加资格认定的能力测试。这三个环节都通过后,获得教师资格证书。

(3)教师资格的国家统一考试阶段。以2011年我国开始试行的教师资格国家统一考试制度试点为起点,以教育部2013年发布的《关于印发〈中小学教师资格考试暂行办法〉〈中小学教师资格定期注册暂行办法〉的通知》为标志。《中小学教师资格考试暂行办法》明确提出："教师资格考试实行全国统一考试。"并指出试点工作启动后，所有申请教师资格的人员，包括师范类学生，均需参加教师资格考试。国家统一考试的资格认定工作由三个相对独立的环节构成。一是笔试，主要考查申请人从事教师职业所应具备的教育教学理念、基本知识、基本能力和基本素养，涉及的具体科目为《综合素质》《教育教学知识与能力》（幼儿园教师为《保教知识与能力》）和《学科知识与教学能力》（申请初中、高中、中职文化课教师资格考试的人员加考）。二是面试，笔试合格后参加面试，面试采取结构化面试、情境模拟等方式，"主要考查申请人的职业认知、心理素质、仪表仪态、言语表达、思维品质等教师基本素养和教学设计、教学实施、教学评价等教学基本技能"。三是认定，两次考试合格后，经教育行政部门认定合格，正式核发相应学段、学科类别的教师资格证书。

2. 对我国教师资格考试的反思

从这个历史进程可以看出，我国教师资格认定的制度和程序都越来越规范，获得教师资格证书的门槛也越来越高。但资格认定考试的门槛高了，并不意味着获得资格证书的人员就一定是合格的教师，"资格"与"合格"之间或许还有漫长的道路要走。主要原因在于以考试为导向的教师资格制度似乎并没有将教师视为"专业"。正如美国学者舒尔曼所说："'专业'的概念描述了一系列特殊的场景：深刻的理解、复杂的实践、伦理的行为以及高层次的学习。"①针对"专业"的复杂性，有研究者概括其重要特征为："工作实践以专门知识和专门技术为基础；工作过程需要心智和判断力；工作需要自主权；专业工作者需要接受高等教育，学习高深学问和专门知识；工作需要不断更新知识、掌握新工具和新方法；从业资格不易获得；服务社

---

① 舒尔曼. 实践智慧：论教学、学习与学会教学. 王艳玲等译. 上海：华东师范大学出版社，2014

会。"①由此可见，如果一种职业是专业，则其从业人员必须要接受专业的教育和训练，否则，即使通过了几门课程的考试，也不见得能够胜任这项工作。特别是一个没有接受过正规师范教育，或者仅仅选修了几门师范类课程的学生，只是由于通过考试获得了教师资格证书就将其视为"合格教师"使用，这显然是降低了教师职业的"专业属性"。换言之，如果不考虑其接受的师范教育专业训练背景，只是通过几门课程的考试和 20 分钟的结构化面试就可以获得一种合格的资质，那么教师职业也就与一般技能性工作无异了，不能体现教师职业的复杂性和高智慧性，不能体现出专业的属性。

简言之，以考试为导向的教师资格制度，虽然也强调了参加考试者所应该具有的复杂的知识技能结构，但在政策条件中并没有强调接受专门的师范教育的必要性。因此，笔者认为，忽视教师专业培养的教师资格制度，从长远来看，依然是一种过渡性制度。未来教师资格证的获得一定会逐步走向将认证与培养紧密结合的道路。这样的现实，我们从教育发达国家长期以来探索实践所走过的道路可见一斑。

3. 美国教师资格认定的主要做法

有研究者将国际教师资格认证标准概括为三种模式：第一是课程（学分）本位的认证标准，主要以学分、课程和学位作为教师资格鉴定的基础和重点，而不需要通过资格考试；第二是知识（技能）本位的认证标准，一般要求修完一定学分、取得学位后，还要通过资格考试；第三是实践（能力）本位的认证标准，一般要求修完规定学分，或者通过初次资格考试，仅取得临时证书，此后还需要参加相当长时间的实习，经考核合格后才能获得正式的教师资格证书。各国在不同的标准之下采用不同的考试制度，一般有标准化考试、国家考试、教师会考、综合考试等形式。②

但无论是在什么标准之下，也不管采用什么样的考试制度，其共性在于各国的教师资格证制度并不是简单的考试，而是与教师教育紧密结合并

---

① Thomas R. Guskey. 教师专业发展评价. 方乐等译. 北京：中国轻工业出版社，2005
② 朱旭东等. 教师教育标准体系研究. 北京：北京师范大学出版社，2011

融为一体的。以美国为例，美国的教师资格制度被称为"最为系统和完善"的资格证书体系。其资格证体系总体分为普通教师资格证书和特殊教师资格证书。在此，我们无意探讨细分的美国教师资格证书体系，而是想重点关注教师资格证的获得条件。早在 1986 年霍姆斯小组发表的《明日的教师》中，就提出获得教师资格应当经历师范生、实习教师、见习教师、职业教师和专业教师五个阶段的鉴定过程，且每个阶段都需要完成与教育教学相关的课程学习和教育教学实践。[1] 在这个意义上，州和国家层面都提出了教师资格认定的条件。州教师资格认定的条件包括：在国家教师教育认证委员会认可的培养教师的学校接受专业基础教育；取得学位后，还须进行学科教学知识训练；通过州举行的专业知识考试，获得参加教学实习的资格。国家教师资格认定的条件包括：拥有经过认证学校颁发的学士学位；有 3 年以上的学校教学经验，而且任教学校必须是经过美国教育秘书处认可的 17 家认证机构认证的；拥有州颁发的 3 年以上的资格证书。[2] 由此可见，任何层次教师资格的获得都必须要与从事教育教学的教育和实践紧密结合。

三、德国教师教育体系的启示

德国教师教育有着非常完备的体系，结合本人对德国教师教育考察学习的体会，笔者认为可将其教师教育体系分成三个阶段。

1. 教师综合素养培养阶段

德国教师教育之扎实，从一个教师选择师范教育起步，这也是一个人选择教师这个职业必须要经过的第一个阶段。在这个阶段，师范生要经过四年左右的时间，主要学习两个方面的内容：一是特定学科的专业知识，每个学生至少要选择两个专业进行系统的学习；二是教师教育相关知识，包括教育学、心理学、教学法等方面的内容。学生圆满完成大学学业是走向教师职业的第一步。据德国教师教育专家估计，这个阶段可能会有 20％左右的学生被淘汰。

---

① 谢美彬. 美国教师资格证书制度研究. 福建师范大学硕士学位论文，2004

② 粟华. 中美教师资格认定制度的区别及启示. 基础教育研究，2009(8)

2. 教师基本素养训练阶段

学生完成大学教育后，必须要进入走向教师职业的第二个阶段，也是最重要的阶段，这就是长达 18 个月的教师教育教学基本技能训练。这个阶段的工作主要由州或区域教师进修学院和见习学校共同承担，采用"双元制"的方式，全程又分为三步。

第一步：教学理论学习。这个阶段总共 6 个月，主要由学院教师开展教学法相关理论的教学，其中每周有 1.5 天到见习学校进行教学实践。这个阶段的学习有两个重要特点：一是教学法的学习内容与大学的内容基本相同，但增加了与教学实践紧密结合的内容；二是学生在见习学校的实践，由指导教师全程陪伴。

第二步：教学实践。6 个月的学习结束后，学生深入到见习学校进行长达 12 个月的教学实践。这个阶段的教学实践同样由指导教师全程陪伴，且在每次上课后，指导教师都要针对教学法的内容进行具体指导，以帮助学生不断改进教学。

第三步：考核评价。这一步不属于一个独立的阶段，而是与以上两步结合进行的。具体包括：一是第一步结束后的全面测试，其中有教育学、心理学及教学法知识的口试，还有试讲，全部都由学院组织专家进行测试；二是全程结束后的测试，其中包括见习学校教师的全面鉴定，且占有较大权重。完成这一步的培训后，教师可以正式申请教师资格证。

3. 教师入职及成长发展阶段

学生完成 18 个月的训练，通过测试考核后，就可正式进入中小学开始自己的教师职业生涯。但在这个阶段，还必须要经过两年的试用期。新教师在试用期内，正式承担每周 25 学时的教学任务，学院的指导教师依然会不定期到学校进行听课指导。试用期结束后，就可以成为一名正式的教师，且按正式公务员享受相关待遇。

一个成为正式公务员的教师，在职业生涯中，教育教学工作在国家和州相关政策及教育教学标准的框架内，完全由教师自己来设计实施，学校只组织每五年一次的听课评价，以为其教育教学工作的改进提供建议。但一个教师在 50 岁以后，将不再接受任何形式的检查考核。

从职后培训的情况来看，德国相关政策规定，教师是否接受培训是其个人的自由，完全由教师自己决定。从我们了解的情况来看，学校会针对一些新的教学法或新的教育政策与要求，开展一些必要的校本培训。另外，同学段、同学科的教师也会自发开展一些针对学生评价和特定教学专题的小型研讨活动，以达到相互促进、共同提高的目的。

从上述三个阶段的情况来看，笔者认为德国教师教育主要体现出了以下几个特点。

一是严格、严谨性。德国的教师教育体系设计非常严谨，尤其是对完成大学学业后进行的 18 个月的见习与教育教学技能训练的设计十分重视，要求也非常严格，这就确保了一个选择做教师的学生，在其走进教师职业大门的时候，就已经具备了一个合格教师的知识素养与技能要求，同时，也具备了一个合格教师应该有的自信与信念。

二是系统、扎实性。德国的教师教育体系是一个系统工程，每个阶段、每个环节都有严谨的设计和具体、明确的要求，学生从大学的学习开始，就不仅要学习扎实的理论知识，更要逐步深入学校实际，了解和理解学校的教育教学，并在大学期间就开始了教学见习，并且始终都有指导教师相伴并具体指导。同时，进行教学指导的教师，也不是单纯的理论专家，而是能够将理论与实践紧密结合的优秀教师。所以，一个选择做教师的学生，在这样一个设计完备的体系中完成全部的学习训练后，无疑就会成为一名合格的教师。

三是激励、自主性。德国教师教育体系，不是简单的严谨设计和严格要求，其中更是对一个选择做教师的学生积极人性的激励和自主成长动力的激发。因此，完成了全部的教育和实践，成为一名合格教师后，他自然就具备了做教师的自信，也具备了一生持续自主发展的动力。这些我们可以从德国关注积极人性的教师教育制度设计中得到证明。

四、教师教育一体化体系的建立

针对我国教师队伍和教师资格证制度方面存在的不足，结合国际成熟的教师教育经验，笔者认为，我们应该着力于探索符合我国中小学教育要求的教师队伍培养培训体系，具体可以分三个步骤来开展工作。

1. 顶层设计

构建科学的教师教育体系，首先需要完善顶层设计，具体思路如下。

（1）建立系统的教师教育主体系统。笔者认为，未来我国的教师资格认证有必要走上与教师教育紧密结合的道路。但现在因为全国性的教师结构性缺员和区域性师资短缺，再加上过去由中师、师专、师大三层次培养形式构成的教师教育体系的升级、转型，造成了教师培养上的严重不足。如果要实现与国际接轨的教师资格证制度，还需要经历一个较长的过渡期。具体而言，实现教师资格认证与教师教育的紧密结合，至少需要经历三个阶段。

①新任教师培训。这是现行的做法，重在帮助获得教师资格证应聘到学校任教的新任教师更好地胜任岗位要求。根据教育部 1999 年颁布的《中小学教师继续教育规定》，新任教师需接受不少于 120 学时的培训。但是从具体实践来看，新任教师 120 学时的培训远不能适应岗位要求，对非师范类的教师而言更是如此。令人欣喜的是，各地在具体实践中已经意识到了这个问题，正在不断探索更具实效性的新任教师培训。比如，北京教育学院作为北京市专门从事教师继续教育的成人高等师范学校，正在与相关区联合探索长达一年至两年半的教师教育教学能力培训。培训注重系统设计，强化实践导向，已取得了显著的成效。

②教师资格强化培训。这是通向第三阶段的重要探索，是针对计划申请教师资格或已经申请到教师资格但尚未担任教师的准教师进行的培训。可以由师范大学或教师培训院校组织开展 6～12 个月的集中培训，采用理论与实践相结合的方式，系统开展教育教学理论、心理学理论和教学法等师范教育必修课程的培训，同时针对所学理论，在指导教师指导下开展教育教学实践，以增加教师资格证的专业含量，缩短"资格"与"合格"之间的距离。

③新型教师教育。这是教师教育体制和教师资格制度发展的理想阶段。

针对当前师范大学向综合院校转型和教师培养不足的状况，在部分综合大学设置师范学院或教师教育学院，同时升级转型地方教师培训院校，共同开展《中小学教师资格考试暂行办法》所规定的教师应该具备的教育教学知识与技能的培养。培养时间可定为一年或两年，学生完成全部学习内容并获得合格成绩，可获得临时教师资格证书。获得临时证书的教师须在指导教师指导下，到指定的中小学进行教育教学实习，实习时间可定为一年或两年。实习结束后，对实习教师进行综合考核，考核合格者可颁发正式的教师资格证书。

(2)建立科学规范的教师职后培训体系。对正式聘任的教师应提供接受继续教育的平台，可建立省(市)、区(县)、校三级培训体系。省(市)级培训机构将承担全省(市)教师培训工作的宏观设计与统筹管理的责任，并重点开展四项工作：一是建立省(市)级教师教育网络平台，为全省(市)教师的知识更新和日常学习与交流提供条件；二是开展咨询指导，为一线教师提供解决其教育教学实践问题的专业指导与个性化服务；三是开展一些教育创新改革的试点或示范性培训；四是开展培训的专业研究和教师招聘及日常评估的指导方案。

区(县)培训机构将建设为区域教师专业发展中心，主要开展四项工作：一是配合省(市)级机构在本区(县)组织实施相应的培训工作；二是深入一线学校开展常规的教学支持与指导；三是配合一线学校设计实施校本培训；四是为区域教师专业成长提供资源支持平台。

校级培训即校本培训，这应该是教师培训发展的重要趋势。教师的专业发展将主要依托校本培训，且校长为校本培训的第一责任人。校本培训将纳入对校长的常规考核，同时作为学校督导的重要内容。

(3)建立培训者队伍建设的政策规范。根据这样一种设想，未来的教师培训将完全不同于现行的规范，其中的核心任务是建立培训者队伍的建设标准与规范。为此，我们有必要出台教师培训者选任规范与培训者队伍专业标准，以此来推动培训者队伍走上专业化的道路。

2.研究试点

教师教育体系的这样一种探索，将涉及许多深层的问题，是一个系统工程。因此，我们可以首先开展一些必要的研究与试点，一方面探索完善体系，另一方面为推动相关政策的建立积累经验。

关于研究工作，可以进行科研立项，组织力量进行科研攻关，建立教师教育体系的理论模型与实践框架，为相应政策的制定提供专业支持。

关于试点工作，可以针对已经取得教师资格证，但尚未上岗的准教师进行为期 6～12 个月的集中培训，培训合格者可进行分配上岗。在这样一种特殊形式试点的基础上，逐步实现系统改革。

3. 全面实施

教师教育体系的完善或重构是一项极具影响力的重大工程，各地需要有深入研究、稳妥实践的认识，可通过至少 5 年的试点、研究与实践建立相应的配套政策，最终建立科学的教师终身教育体系，同时，为国家教师教育体系的改革提供有益的经验。

后 记

　　本书是我在北京教育学院从事校长教师培训实践、管理与研究的成果结晶，其中每一个文字、每一个观点、每一点感悟都有具体实践作为支撑，甚至都有具体场景可以追忆；其中有一些研究曾经强有力地支撑了我自己的培训实践，也有一些研究在更大范围内产生了应有的效应。纵览全书，虽然所涉及内容对培训的研究还不够完备，一些主题的逻辑结构也不尽恰切，但全部内容毕竟都来源于实践，因此，这些文字还是值得我自己铭记的，也值得与我的同行者们分享。

　　多年的校长教师培训，几多欢乐，几多辛劳，恰好可以套用狄更斯的名言：这是最好的工作，这也是最坏的工作。

　　培训是一件令人着迷的事。因为培训面对的是有经验、有阅历、有思想、有知识、有能力的成人——校长和教师，他们对学什么、怎么学、学到什么程度等都有自己的主张，所以，做好这项充满挑战的工作有太多的因素需要考虑。或许正因为有太多变量，于是就有了无穷的创新空间，而创新对一个培训者而言，便是乐趣，便是诱惑，便是迷恋。也正因此，这么多年的职业历程，我始终与培训纠结在一起，执着于培训规律的研究与把握，也执着于培训模式的探索与实践，并且也正是因为这份执着，才用心写下了这些文字，让我时常能够在写作中体验到内心的愉悦感和获得感。

　　培训是一件激发反思的事。因为培训自身所具有的许多突出特征，如对象的复杂性、外部影响因素的多样性、各种专业标准建设的高难度等，使我在培训中不断进行反思，以提高培训的水平和能力。在多年的培训实践中，我深切体会到，反思可以让自己在热闹中始终保持一颗冷静的心，以专业的精神去探索培训所蕴含的无穷奥妙；反思也可以让自己在纷繁复杂中保持一份好奇的心态，从研究者的视角去探寻培训的专业路径。我在这么多年与众多培训者和被培训者相伴走过的历程中，受益最大的正是学会了不断地反思。应该说，我是在反思中学会了从政策的视角看培训，也是在反思中确立了自己的教师观和培训观，更是在反思中找到了自己所学专业与培训有效的结合点。在这个意义上，可以说，培训这项助人的事业，最终让我自己实现了有效的自助。

然而，培训也是一件十分烦人的事。一是众口难调。参训的校长、教师因为自己的职业经历、专业素养、个性特征及所处的学校环境、面对的学生群体等不同，培训需求和对培训的期待也各异，因此，培训就需要更加精准的设计，以满足各种不同的要求。二是经费使用程序烦琐。近年来全国各地培训经费投入巨大，但经费管理愈益规范严格，使得培训经费的使用程序十分烦琐，消耗了培训者大量的时间，给培训工作带来了许多需要重新适应和调整的问题。三是效果难评。因为培训只是影响校长教师专业成长的因素之一，从效果评估来看，目前大部分项目基本都停留在满意度评价，对更长期的影响和效应还没有找到有效的评价方式。四是门槛过低。或许正是因为上述种种原因，出现了培训从业者准入门槛过低的状况，使得承担培训的机构类型多样、层次差异很大。其中既有专门从事培训工作的各级教育学院或教师进修学校，还有许多知名综合性大学、师范院校等，也有大量无专业人员、无专门场地、无专业建设的其他培训机构。如此种种烦恼，可以说，是培训对我们这些从业者的一种考验和历练。

最后，在本书付梓之际，我还要表达一份真诚的感谢，首先要特别感谢教育部教师工作司司长王定华博士拨冗为本书作序，并对教师培训工作做了方向性的指导，为本书增添了厚重；同时，对在校长、教师培训道路上，一次又一次给予我帮助、支持、关心的家人、领导、同行和校长、教师们表示深深的敬意！借此机会，我也想借用一句经典的诗句表达自己对校长、教师培训事业的挚爱与执着：

"那一世，我翻遍十万大山，不为修来世，只为途中与你相见……"

汤丰林

2017 年 3 月 16 日于北京